Johnston
Kindersnacks

**Tanja Johnston** ist auf einem Bauernhof in Nordrhein-Westfalen aufgewachsen. Von ihren Eltern hat sie gelernt, sich von kontrolliert angebauten Nahrungsmitteln zu ernähren. Als Jugendliche begann sie bereits, die Kraft einer rein pflanzlichen Ernährung auszuprobieren. In den USA hat sie dann am »College for Natural Healing« ein Studium als Heilpraktikerin mit einer Ausbildung in Ayurveda, Traditioneller Chinesischer Medizin sowie homöopathischer Kräuterkunde abgeschlossen. Danach hat sie sich dann im Bereich der Ernährungswissenschaften an der »Harvard Medical School« und »Cornell University« als Ernährungsberaterin spezialisiert. Sie ist eine lizenzierte Yogalehrerin und Kundalini-Meditationslehrerin.

Ihre Privatpraxis »Intuitive Nutritionist« wurde sowohl 2014 als auch 2015 mit dem »Best-Business«-Preis für Ernährungsberater in Los Angeles, ihrem Wohnort, ausgezeichnet.

Neben der Betreuung von Privatkunden leitet sie Gruppenkochkurse und Kinderkochcamps, in denen sie Groß und Klein für die Heilkraft und Gaumenfreude von pflanzlicher Vollwertkost begeistert.

Tanja Johnston lebt mit ihrem Mann Bill und ihrem fünfjährigen Sohn Tyler in Los Angeles.

Tanja Johnston

# Kindersnacks

blitzschnell & supergesund

TRIAS

❯ Exkurse

# Liebe Leserin,
# lieber Leser,

Kinder gesund zu ernähren ist nicht immer einfach, obgleich unsere Natur uns einen wahren Schatz an supergesunden Pflanzen schenkt. Manchmal benötigt man etwas Kreativität, um die Speisen schmackhaft zuzubereiten, aber es muss keineswegs kompliziert oder zeitaufwendig sein. Mein Sohn Tyler sagt hierzu ganz einfach:

»Hallo, ich bin Tyler und ich bin schon fünf Jahre alt. Meine Eltern und ich essen nur Sachen, die von Pflanzen kommen. Wir sind also ›Pflanzenfresser‹ wie Elefanten oder große Bären. Und wie Bären esse ich gerne süße Beeren. Aber wir essen keine Süßigkeiten mit Zucker. Wir machen unsere Schokolade oder Eiscreme mit süßem Obst selber. Für Schokolade nehmen wir zum Beispiel Nüsse, Datteln und Kakaopulver. Eiscreme machen wir aus gefrorenen Bananen. Wenn du Spinat und Avocado hinzugibst, kriegst du grüne Eiscreme, Möhren machen sie orange und Blaubeeren knalle lila. Ich liebe Regenbogen-Eiscreme! Meine Mama und ich sind gerne zusammen in der Küche. Ich kann schon viel helfen, denn Mamas Rezepte sind kindereinfach. Ich lerne von ihr und sie von mir. Zusammen sind wir ein gutes Team!«

Mein Sohn und ich wünschen Ihnen viel Spaß beim Ausprobieren!

Guten Appetit!

# Genial einfach – zuckerfrei und vegan

Es ist eine Herausforderung, jeden Tag gesunde Mahlzeiten zuzubereiten. Doch es geht! Mit nur wenigen Zutaten, ganz ohne Zucker und rein pflanzlich.

# Ruckzuck gekocht – ohne Zucker, rein pflanzlich

Jede Mutter kann ein Lied davon singen: Eigentlich haben die Kleinen immer Hunger. Gut, wenn man dann schnell eine gesunde kleine Mahlzeit zubereiten kann.

In diesem Buch habe ich die kleinen Lieblingsgerichte meiner Familie für Sie zusammengestellt. Ich verwende nur pflanzliche Zutaten und verzichte auf Zucker als zusätzlichen Süßstoff. Wenn Sie schnell durch den Rezeptteil des Buches blättern, wundern Sie sich vielleicht, mit wie wenigen Zutaten ich dabei auskomme. Das stimmt, ganz oft reichen mir nur drei Komponenten aus, um ein richtig leckeres und zugleich gehaltvolles und gesundes Gericht zu zaubern. Praktisch, vor allem für die kleinen Mahlzeiten zwischendurch.

Im Laufe meiner jahrelangen Tätigkeit als Ernährungsberaterin habe ich eine große Hochachtung vor den pflanzlichen Nahrungsmitteln gewonnen, die die Natur uns schenkt. Die vielen Nährstoffe in der Fülle der essbaren Pflanzen haben eine unglaubliche Kraft, die sich in unserem Körper entfalten kann. Und dafür braucht man gar nicht viele verschiedene Zutaten.

Bei meinen anfänglichen Ausflügen in die rein pflanzliche, also vegane Kochkunst war ich oft richtig frustriert. In manchen Rezepten standen lange Listen mit mehr als 20, zum Teil auch noch schwer erhältlichen und exotischen Lebensmitteln. Das Besorgen dieser Zutaten sowie die Zubereitung waren zeit-

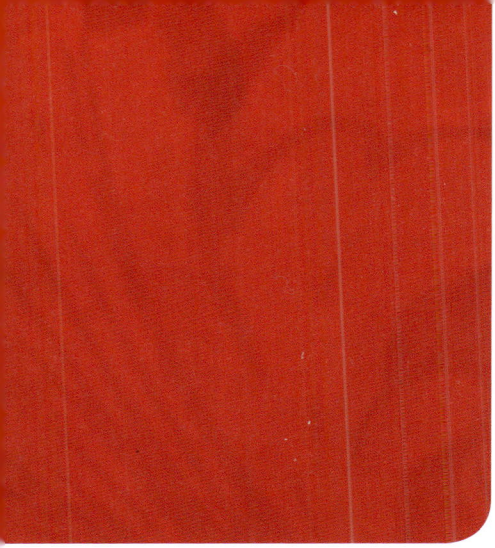

kann. Das Kochen mit weniger als einer Handvoll Zutaten spart nicht nur Zeit, sondern es erlaubt auch den einzelnen Geschmacksnoten, jede für sich wunderbar zur Geltung zu kommen. So ist es auch ganz leicht, jedes Rezept allein durch die Mengenangabe einer Komponente in seinem Geschmack zu verändern.

Und wie viele andere Kinder auch möchte Tyler gerne mal zwischendurch etwas essen. Statt eines süßen Schokoriegels oder eines pappigen Brötchens gebe ich ihm lieber einen gesunden, selbst zubereiteten Snack – eine geballte Portion Gesundheit aus der Natur!

Auch Sie werden merken, dass sich Ihre Geschmacksnerven mit der Zeit verändern, wenn Sie weniger Produkte mit zusätzlichem Zucker zu sich nehmen. Wenn Sie anfangs noch etwas mehr von dem naturgegebenen Zuckeranteil in einem Rezept brauchen, dann erhöhen Sie einfach den Anteil des süßen Obstes. Das tut dem Gesundheitswert keinen Abbruch, solange Sie vollwertige Früchte verwenden.

Ich kann mir gut vorstellen, dass meine Rezepte einen Anreiz geben, eigene

und kostenaufwendig. Und wenn uns das Resultat dann nicht überzeugte, war es schwierig herauszufinden, welche der vielen Inhaltsstoffe dafür verantwortlich gewesen sein könnten. Mein Mann kann ein Lied davon singen, wie oft meine Kochversuche nur unter dem Vorwand, dass es gesund sein müsse, letztlich irgendwie in unseren Mägen gelandet sind.

Als unser Sohn Tyler dann auf die Welt kam, war für derart komplizierte Rezepte keine Zeit mehr. Er zeigte mir mit seinem Appetit auf einfache Lebensmittel, wie einfach die Zubereitung leckerer und gesunder Gerichte sein simple Rezepte aus drei bis fünf Zutaten nach den gleichen Prinzipien auszuprobieren. Die Fantasie kennt keine Grenzen. Legen Sie los!

## Süß – aber zuckerfrei

Nicht nur Kinder lieben es gerne süß, auch wir Erwachsenen kennen die Gelüste nach etwas Süßem. Klassischer Zucker, der Haushaltszucker Saccharose, kann im Körper leicht verarbeitet werden. Er gelangt schnell ins Blut und liefert allen Organen, Muskeln und vor allen Dingen dem energiehungrigen Gehirn schnell verfügbare Energie. In stressigen Situationen, in denen das Gehirn kräftig arbeiten muss, spüren wir eine deutliche Gier nach Süßem!

Aber diese Gier muss man keineswegs mit dem gewöhnlichen Haushaltszucker stillen. Ein übermäßiger Verzehr davon ist, wie man heute weiß, für eine Reihe der sogenannten Volkskrankheiten, allen voran die Zuckerkrankheit, verantwortlich.

Haushaltszucker besteht zu gleichen Teilen aus Glukose und Fructose. Er wird meist aus Zuckerrohr oder -rüben gewonnen. Während Zuckerrohr wie auch -rüben komplexe, ballaststoffhaltige Pflanzen sind, hat der aus ihnen isolierte reine Kristallzucker natürlich keine Ballaststoffe mehr. Der unverdauliche Anteil von Pflanzen hilft nicht nur unserem Stuhlgang, sondern verlangsamt bei der Nahrungsaufnahme die Geschwindigkeit, mit der der enthaltene Zucker ins Blut gelangt. Zuckermoleküle, verpackt in ihrer natürlichen Form in komplexen kohlehydrathaltigen Produkten wie Obst, Gemüse und Vollkornprodukte, können daher nur langsam von unserem Verdauungssystem in ihre Einzelteile aufgebrochen werden. So wird auch der Zucker nur langsam, nach und nach freigesetzt.

### Zuckerverzicht ist gar nicht schwer

Zu einer Zuckerkrankheit muss es gar nicht erst kommen: Unser Appetit auf Zucker hat auch ganz viel mit Gewohnheit zu tun. Und eben diesen Zuckerkonsum kann man sich wieder abgewöhnen, ohne auf süße Geschmackserlebnisse zu verzichten.

Der natürliche Zucker in Obst, Gemüse und Vollkornprodukten wird im Körper

## Zuckerkrankheit – wenn der Schlüssel nicht mehr passt

Zuckermoleküle brauchen einen »Schlüssel«, um in die Zellen zu gelangen. Diese Rolle übernimmt ein Hormon, das von der Bauchspeicheldrüse ins Blut geschickt wird. Das ist das allbekannte Insulin.

Zuckerkranke produzieren kein oder zu wenig Insulin. Dieser Insulinmangel kann zum einen genetisch bedingt sein (Typ-1-Diabetes). Zum anderen stellen die Zellen der Bauchspeicheldrüse auch bei Überbeanspruchung ihre Arbeit nach und nach ein. Zusätzlich entwickeln alle anderen Körperzellen eine gewisse Un-empfänglichkeit für Insulin. Der Insulinschlüssel passt dann nicht mehr ins Schlüsselloch (Typ-2-Diabetes). Wenn Insulin die Zelle nicht mehr aufschließen kann, kann der Zucker nicht mehr in die Zelle. Die Folgen sind fatal: Der Zucker ist im Blut, kann aber nicht in die Zellen weitergeleitet werden, liefert also keine Energie mehr. Man fühlt sich schlapp. Zugleich kann der unverbrauchte Zucker in Blut und Gewebe oxidieren. Der Rest wird in Fett umgewandelt und landet direkt auf den Hüften. Übergewicht ist die Folge.

nur langsam freigesetzt, da der natureigene Ballaststoffanteil die Aufnahme verlangsamt. So bleibt der Blutzuckerspiegel stabil. Man kann sich so unbesorgt vom süßen Geschmack und der gewonnenen Energie aufmuntern lassen.

Wenn Sie nur noch mit der natürlichen Süße des Obstes süßen, werden Sie am Anfang vielleicht etwas vermissen. Aber schon nach kurzer Zeit haben sich Ihre Geschmacksnerven daran gewöhnt. Und dann wird Ihnen ein zusätzlich gesüßter Obstsalat »pappsüß« vorkommen und Sie werden ihn beiseitestellen.

### Meiden Sie die typischen Zuckerfallen:

• Geben Sie Ihrem Kind nicht die typischen Kinderlebensmittel wie Joghurt mit bunten Perlen oder Wurstscheiben mit Bärchengesichtern. Diese sind meist besonders stark gesüßt (ja, auch die Wurst!) und führen bei Ihrem Kind schnell zu einer Gewöhnung an diese Süße.

- Lesen Sie die Zutatenlisten von Lebensmitteln, die Sie einkaufen, sehr genau. Zucker versteckt sich hinter vielen Bezeichnungen wie z. B. Saccharose, Maltose, Fruchtzucker, Invertzucker, Dextrose, Sorbit oder Maltodextrin.
- Meiden Sie auf jeden Fall Lebensmittel, die mit hochkonzentrierter Fructose gesüßt sind. Diese kann sich hinter Bezeichnungen wie Glucose-Fructose-Sirup, Fructose-Glucose-Sirup oder Maissirup verstecken. Diese künstlich zugesetzte Fructose steht heute im Verdacht, für eine ganze Reihe von Erkrankungen mitverantwortlich zu sein.

## Einmal ohne Fleisch

Auch heute noch kommt in vielen Familien jeden Tag Fleisch auf den Tisch. Vielleicht ist das auch bei Ihnen so? Und vielleicht spüren Sie schon lange den Impuls, das zu ändern. Nur wie?

Als ich klein war, gab es bei uns zu Hause freitags kein Fleisch. Es gab Fisch oder Eier als Hauptgericht. Hier in den USA versuchen heute viele Familien, einen Tag in der Woche mal ganz ohne tierische Produkte auszukommen. Dieser »Meatless Monday« gibt eine Gelegenheit, vegetarische Gerichte auszuprobieren. Aber es kostet viele noch immer Überwindung, fleischlos zu essen. Doch es ist gar nicht schwer.

Damit keiner abends hungrig ins Bett geht, ist es wichtig, nicht einfach nur etwas wegzulassen. Bieten Sie eine vollwertige pflanzenbasierte und vor allem leckere Alternative. Tierische Produkte haben einen hohen Eiweißanteil, der wertvolle Bausteine nicht nur für unsere Muskeln, sondern für jede Zelle unseres Körpers liefert. Aber auch viele Pflanzen warten mit sehr wertvollem Eiweiß auf: Hier kommt es vor allem aus Vollkorn, Hülsenfrüchten (Linsen, Bohnen und Erdnüsse), Samen und Nüssen.

### Brauchen wir tierische Lebensmittel?

Wenn wir tierische Produkte zu uns nehmen, nutzen wir einen Effekt aus: Unsere Nutztiere wandeln im Rahmen ihres eigenen Stoffwechsels Nährstoffe aus ihrem Futter in für uns wertvolle

Produkte um, die wir dann mit unserer Nahrung zu uns nehmen. Insbesondere fettlösliche Vitamine und Mineralien landen so in ihrer aktiven oder potenten Form im Gewebe des Tiers und letztlich dann auch auf unserem Teller. Wer also ein Ei oder ein Stück Fleisch isst oder auch ein Glas Milch trinkt, erhält so sowohl vollwertige Proteine als auch eine Extradosis an bioaktivem Eisen und Vitamin $D_3$. Doch brauchen wir das wirklich?

Neugeborene wären vollkommen überfordert, aus den pflanzlichen Vorstufen bestimmter Nährstoffe die notwendigen Endprodukte für ein gesundes Wachstum und vor allen Dingen für ihre Gehirnentwicklung zu bilden. Kein Baby ist von Natur aus Pflanzenfresser, auch wenn es hier in den USA den Trend gibt, bereits Babys vegan zu ernähren.

Sie wundern sich vielleicht, dass ich das hier schreibe, zumal ich doch zugleich meine ganze Familie vegan ernähre. Ein Widerspruch? Nein! Mein Sohn hat als Baby meine Muttermilch bekommen und das ist im engsten Sinne natürlich ein tierisches Produkt, quasi vom »Muttertier« Mensch. Und so hat er über diese Muttermilch die für ihn genau angepassten Mengen der umgewandelten Nährstoffe erhalten. Wer nicht stillen kann oder möchte, kann auf vollwertige Babynahrung zurückgreifen. Hier sind sowohl die kuhmilchbasierten wie auch die pflanzlichen Produkte mit den aktiven Formen bestimmter Nährstoffe angereichert, um die Aufnahme für das noch schwache Verdauungssystem einfacher zu machen.

Aber spätestens nach dem ersten Lebensjahr kann jedes gesunde Kind unbeschwert die Nährstoffe von pflanzlichen Nahrungsmitteln selber nutzen und ist damit rundum versorgt. Das erfordert allerdings eine ausgewogene Ernährung. Im Kapitel »Ausgewogen essen« (Seite 31) gebe ich dazu ein paar Hilfestellungen und Tipps.

## Das große Plus pflanzlicher Kost

Warum aber sollte man überhaupt auf tierische Produkte verzichten? In der Gesundheitsforschung haben sich zwei Argumente herauskristallisiert:
• Pflanzen liefern Ballaststoffe und
• Pflanzen enthalten bioaktive Substanzen, die einen hohen Wert für die Gesundheit haben.

Ballaststoffe sind der unverdauliche Teil der pflanzlichen Nahrung. Sie geben dem Stuhlgang die Masse und reinigen den Darm. Im Laufe des Verdauungsprozesses bilden alle Menschen Nebenprodukte, die der Körper als Abfall loswerden muss. Wasserlösliche Abfallprodukte können über den Urin ausgeschieden werden, während fettlösliche einen guten Besen brauchen, um über den Darm entsorgt zu werden. Dies übernehmen die Ballaststoffe.

Bioaktive Substanzen, auch Phytamine oder Phytonährstoffe genannt, sind Pflanzenbestandteile, die eine medizinische Wirkung haben. Darunter fallen z. B. alle Antioxidanzien, die die gefährlichen freien Radikale neutralisieren und so umwelt- und altersbedingte Schäden reparieren und sogar diesen vorbeugen können.

Nur Pflanzen sind in der Lage, die Energie der Sonne zu nutzen und mit ihrer Hilfe Nährstoffe zu bilden. Letztlich nehmen wir also mit der pflanzlichen Nahrung Sonnenenergie auf. Wir können besonders von diesem Sonnengeschenk profitieren, wenn wir unbehandelte pflanzliche Produkte zu uns nehmen. Dieses »Sonnenbad von innen« schützt unsere Zellen vor Krankheiten und schädlichen äußeren Einflüssen. Wer mehr über wissenschaftliche Studien zu den Vorzügen pflanzlicher Ernährung nachlesen möchte, dem empfehle ich Dr. Esselstyns Ausarbeitungen zur Vorbeugung von Herzerkrankungen (»Essen gegen Herzinfarkt« von Caldwell B. Esselstyn, erschienen im TRIAS Verlag). Etwas unterhaltsamer verpackt Jonathan Foer das Thema in seinem Buch »Tiere essen«.

Sie merken schon: einen Tag oder eine Mahlzeit mal komplett mit pflanzlichen Zutaten zu kreieren, ist wie eine Sonnenkur von innen. Viel Gutes in Form von bioaktiven Substanzen wird aufgenommen, Unnützes wird mit reichlich Ballaststoffen rausgeputzt. In diesem Kochbuch finden Sie viele Ideen, wie man mit vollwertiger Pflanzenkraft für die ganze Familie leckere Gerichte einfach und schnell zubereiten kann – der Einstieg in eine gesündere Lebensweise.

# Fröhlich und putzmunter

Glücklicherweise sind die Zeiten vorbei, in denen Vegetarier wie unterernährte Hippies aussahen. Mit dem richtigen Wissen geht es auch ohne Mangelerscheinungen.

Sogenannte Puddingvegetarier, die nur das Fleisch weglassen, aber anstelle einer hochwertigen pflanzlichen Kost hauptsächlich ungesunde, süße – wenn auch tierfreie – Fertigkost verzehren, müssen mit negativen Auswirkungen, sprich Mangelerscheinungen, rechnen. Solche körperlichen Defizite wirken sich mit der Zeit dann auch aufs Gemüt aus. Dies ist besonders tragisch, wenn es Kinder betrifft, die selber noch nicht die Möglichkeit haben, ihre Ernährung selbst in die Hand zu nehmen.

Auch wenn Sie nur mal einen Tag oder ein Gericht pro Woche ohne tierische Produkte für sich selbst oder die Fami-

lie zubereiten möchten, können Sie auf den nachfolgenden Seiten viele tolle Anregungen für Ihren Ernährungsalltag gewinnen. Und der Aufwand ist wirklich nicht groß. Meist brauchen Sie nur drei Zutaten. Lesen Sie einfach mal hinein und lassen Sie sich überraschen.

Natürlich brauchen Kinder in der Wachstumsphase eine ausgewogene Zusammensetzung der Nährstoffe. Aber mit einer durchdachten Auswahl und Kombination von nur wenigen Zutaten bekommt Ihr Kind alle Nährstoffe, die es braucht, und die gesunden Zutaten beugen so manchen Krankheiten vor. Sie brauchen sich dann keine Sor-

ren Körperbau, also Muskeln und Knochen, als auch für nahezu jede Funktion des Stoffwechsels benötigen. Sie bestehen aus einzelnen Bausteinen, den sogenannten Aminosäuren. Es gibt 21 verschiedenen Aminosäuren, die wir zum Teil aus Nahrungsbestandteilen selber aufbauen können. Acht Aminosäuren (bei Kindern sind es neun) müssen wir aber mit der Nahrung aufnehmen.

Wie viel Eiweiß jeder braucht, ist sehr einfach zu errechnen. Das Körpergewicht in kg gibt die Mindestmenge an Protein in Gramm an. Ein 20 kg schweres Kind braucht um die 20 g pro Tag Für Jungen, Kinder im starken Wachstum oder aktive Sportler sollte man den Bedarf um den Faktor 1,5 bis maximal 2 erhöhen. Zu viel Eiweiß kann den Körper übersäuern. Der Abbau der Säuren setzt ein giftiges Gas frei, das über die Nieren ausgespült wird. Eiweißdiäten sind daher auf Dauer gefährlich für die Nieren. Konzentrierte Proteinprodukte wie Pulver oder Shakes sind dauerhaft nicht zu empfehlen.

gen zu machen, dass Ihrem Kind etwas fehlen könnte.

**Ganz besonders wichtig ist für Ihr Kind die richtige Versorgung mit**
- Eiweiß,
- Kalzium,
- Fettsäuren,
- Eisen,
- Vitamin D und
- Vitamin $B_{12}$.

## Grüne Eiweißlieferanten

Eiweiße (Proteine) sind die Bestandteile der Nahrung, die wir sowohl für unse-

Eiweißhaltige tierische Produkte wie Fleisch, Fisch, Milch und Eier liefern alle Aminosäuren. Deshalb bezeichnet man tierisches Eiweiß als »vollständiges« Protein. In der Pflanzenwelt gibt es nur wenige »vollständige« Proteine. Dazu gehören Hanfsamen, Chiasamen, Sojabohnen, Buchweizen und Quinoa. Es ist also sinnvoll, diese in eine vegane Ernährung einzubauen. Im Rezeptteil finden Sie zum Beispiel Bananen-Blaubeeren-Pfannkuchen (Seite 54) mit Chiasamen sowie Grünen Sommer-Hummus (Seite 73) mit Sojabohnen.

### Pflanzliche Eiweißlieferanten

Es ist möglich, durch eine gute Mischung von Produkten mit »unvollständigen« Proteinen den kompletten Eiweißbedarf abzudecken. Man muss nicht alle notwendigen Aminosäuren in einer Mahlzeit zu sich nehmen, sondern kann sie über den Tag verteilt aufnehmen. So sind ein Vollkornbrot mit Erdnussbutter (Seite 77) oder ein Bohneneintopf mit Reis eine gute Tageskombination.

Wie oben erwähnt, sind in der pflanzlichen Vollwertkost Getreide, Hülsenfrüchte, Nüsse und Samen die besten Eiweißlieferanten. Geben Sie Ihrem Kind doch einen Power-Riegel (Seite 57) mit Walnüssen. Natürlich haben auch Spinat oder anderes Blatt-

grün einen prozentual hohen Proteinanteil, aber es ist sehr aufwendig, den eigenen Eiweißbedarf mit Blattgrün zu decken. Kühe können das, aber sie können auch den ganzen Tag grasen und haben dafür geeignete Fermentier-Mägen.

## Kalzium – die richtige Menge macht's

Kalzium hat viele Funktionen im Körper. Wir benötigen es für die starken Knochen, aber auch für die Anspannung der Muskeln. Als Gegenspieler wirkt Magnesium, das für die Entspannung der Muskeln sorgt. Wer häufig an Wadenkrämpfen leidet, hat vielleicht zu viel Kalzium und zu wenig Magnesium im Gewebe. Der Körper strebt immer an, im Gleichgewicht zu sein. Zu viel des Guten kann auch ungünstig sein, da das auf Kosten des Ausgleichs geht.

Zu viel Kalzium kann zu Ablagerungen im Gehirn und zu Verhärtungen der Blutgefäße führen. Dass wir jemanden mit einer Denkschwäche als »verkalkt« bezeichnen, ist somit nicht nur literarische Freiheit, sondern birgt auch einen Funken wissenschaftlicher Wahrheit.

Um das Kalzium aus dem Blut an die richtigen Stellen im Muskelgewebe und im Knochen zu bringen, brauchen wir hormonelle Träger (Testosterone, Estrogene und Vitamin D). Davon haben Kinder in der Wachstumsphase reichlich und so sind Arterienverkalkung und Demenz hier kein Grund zur Sorge.

Auch der Säuregrad des Blutes, der pH-Wert, hält den Kalziumgehalt des Körpers im Gleichgewicht. Während bestimmte Organe in unserem Körper einen säurehaltigen Grundtenor bevorzugen, muss unser Blut immer leicht basisch gehalten werden. Damit nicht jeder Schluck eines säurehaltigen Getränkes unser Blut aus der Bahn wirft, hat unser Körper einen sehr effektiven Mechanismus, um sich schnell eine »Basenspritze« mit gespeichertem Kalzium zu geben. Hier greift der Körper auf Knochen und Zähne zurück, die viel Kalzium gespeichert haben. Kuhmilch z. B. ist ein säurehaltiges Getränk, das den pH-Wert des Körpers nach unten drückt. Der Kalziumanteil in einem Glas Milch ist nicht ausreichend, um den basischen Wunschzustand des Körpers beizubehalten. Somit muss zusätzlich noch Kalzium aus den Reserven geholt werden. Das erklärt auch, warum die Bevölkerung von Ländern mit hohem Milchproduktekonsum einen höheren Prozentsatz an Knochenschwund im Alter aufweist.

Und Milchzähne heißen nicht ohne Grund so. Unsere ersten Zähne sind weicher, da alles Kalzium, das in diesem Alter aufgenommen wird, für den Knochenbau und die pH-Balance des Blutes benötigt wird. Sobald die richtigen bleibenden Zähne kommen, wachsen wir aus dem Milchalter raus.

## Pflanzliche Kalziumlieferanten

Milch ist sicherlich der bekannteste Kalziumlieferant, aber bei Weitem nicht der einzige. In der Pflanzenwelt gibt es viele Nahrungsquellen mit einem hohen Kalziumanteil. Dunkelgrünes Gemüse wie Brokkoli oder mineralhaltige Nüsse und Mandeln sind gute Kalziumlieferanten. Probieren Sie mal das Vanille-Eis (Seite 109) oder die süße Mandelmilch (Seite 43). Sie sind schnell zubereitet und wahre Kalziumbomben, die dem Wachstum Ihres Kindes auf leckere Weise auf die Sprüge helfen. Ihr Kind wird diese supereinfachen und superleckeren Naschereien lieben.

## Ein bisschen Fett muss sein

Fetthaltige Nahrungsmittel wurden lange als Dickmacher angesehen und die Nahrungsmittelindustrie hat uns mit fettarmen Joghurts, Crackern und Fertiggerichten vollgestopft. Als Geschmacksverstärker musste dann mehr Zucker her. Und da Zucker die Bildung des Fetthormons Insulin ankurbelt, wurden unsere Hüften nicht nur breiter, sondern zuvor altersbedingte Krankheiten wie Alterszucker traten dann auf einmal mehr und mehr bei Teenagern auf.

Fett macht unser Essen aber nicht nur cremig und lecker, sondern ist auch notwendig für die Aufnahme von fettlöslichen Nährstoffen wie Vitamin D und Eisen. In fettarmer Milch können wir demnach das darin enthaltene Vitamin D nicht aufnehmen. Safthersteller werben gerne mit der Zugabe von Vitamin D für ihre Produkte, was aber wenig Sinn macht. Das Gleiche gilt auch für selbst gemachte Gemüsesäfte. Spinat- oder Grünkohlsäfte haben viele Nährstoffe, aber ihr Eisengehalt kann allein über den Saft vom Körper nicht aufgenommen werden, wenn die dafür notwendigen Fettsäuren fehlen.

Es ist dennoch toll, seinen Körper mit den Antioxidanzien von frischen grünen Säften zu verwöhnen, aber bei reinen Saftkuren sollte man sich im Klaren darüber sein, dass man für die Aufnahme von Eisen etwas Fett hinzufügen muss. Vollwert-Smoothies mit natureigenem Fett wie »Mein erster grüner Smoothie« (Seite 45) sind hier besser.

Nun stellt sich die Frage, ob es einen großen Unterschied macht, tierische oder pflanzliche Fette zu verwenden. Fette sind chemisch gesehen Verbindungen aus einem Molekül Alkohol und drei Fettsäuren. Grundsätzlich unterscheidet man zwischen gesättigten und ungesättigten Fettsäuren. Nur die ungesättigten Fettsäuren sind »essenziell«, d. h., wir müssen diese mit der Nahrung aufnehmen, da wir sie nicht selber bilden können, aber unbedingt benötigen. Zu den ungesättigten Fettsäuren gehören Omega-3- und Omega-6-Fettsäuren. Die einen wirken entzündungshemmend und die anderen entzündungsfördernd, beide sind aber lebensnotwendig. Zu viel Omega-3-Fettsäuren würden unser Blut zu dünn machen, während zu viel Omega-6-Fettsäuren das Blut zu sehr verklumpen würden.

## Tierische Produkte liefern (nicht immer) Fettsäuren

Fische, Eier und in geringerem Maße Rindfleisch sind nicht unbedingt verlässliche Omega-3-Fettsäure-Lieferanten. Tiere können ebenso wie Menschen Omega-3-Fettsäuren nicht selbst bilden. Auch sie müssen diese mit der Nahrung aufnehmen. Für Fische sind die besten Omega-3-Fettsäurequellen Algen, für Hühner Samen und für Kühe frisches grünes Gras.

Wenn Fische auf einer angelegten Fischfarm mit Getreide gefüttert werden oder Hühner und Kühe im Stall mit maisbasiertem Trockenfutter gefüttert werden, bekommen all diese Tiere selbst nicht ausreichend pflanzliche Omega-3-Fettsäuren und können diese so auch nicht an uns weitergeben. Isst man also diese tierischen Produkte, so führt man sich keine Omega-3-Fettsäuren zu. Wenn sie aber artgerecht ernährt wurden, ist ihr Gewebe nicht nur reich an Omega-3-Fettsäuren, sondern zugleich schon an dem bioaktiven Endformat Docosahexaensäure (DHA). Das ist besonders gut für Leute mit schwachem Stoffwechsel, denen es an den notwendigen Enzymen zur Umwandlung von Omega-3-Fettsäuren in DHA und Arachidonsäure (AA) mangelt. Säuglinge gedeihen demnach besser, wenn in ihrer Milch (Muttermilch oder Formula) bereits konvertierte DHA und AA enthalten ist und nicht nur die pflanzlichen Vorstufen von Omega-3- und Omega-6-Fettsäuren.

## Pflanzliche Fettsäurelieferanten

Sobald das Verdauungssystem herangereift ist, ist es jedoch ratsam, dessen Potenzial auch zu nutzen. Wer auch im Erwachsenenalter hauptsächlich von anderen Tieren vorkonvertierte Nährstoffe zu sich nimmt, unterfordert seinen eigenen Enzymhaushalt, was irgendwann zur Folge haben kann, dass der Körper diese Stoffwechselwege quasi verlernt. Wenn unsere Kinder laufen gelernt haben, brauchen wir sie schließlich auch nicht mehr ständig zu tragen. Das Gleiche gilt für den Stoffwechsel. Wenn man sein System nicht beansprucht, wird es träge und macht irgendwann nicht mehr das, was es eigentlich biologisch können sollte.

Die besten pflanzlichen Quellen für Omega-3-Fettsäuren sind neben Algen und grünem Blattgemüse bestimmte Samen und Nüsse, wie z. B. Leinsamen

und Walnüsse. Letztere sehen nicht nur aus wie ein Gehirn, sondern liefern neben Omega-3-Fettsäuren auch viele andere Bausteine für ein gesundes Nervenzentrum. Probieren Sie unbedingt das Omega-3-Knusper-Müsli (Seite 51) oder die Voll-Kraft-Brötchen (Seite 52).

## Pflanzliches Eisen richtig verwerten

Nicht selten führt eine rein pflanzliche Ernährung zu Eisenmangel. Das liegt jedoch nicht daran, dass Pflanzen nicht genug Eisen liefern, sondern eher an mangelndem Wissen darüber, welche Pflanzen Eisen enthalten und wie man dem Körper helfen kann, diesen Nährstoff aufzunehmen und im Körper verwertbar zu machen.

Ich habe meinen Frauenarzt während meiner kompletten Schwangerschaft immer wieder ins Staunen gebracht. Ich benötigte keine Eisenpräparate, die normalerweise allen schwangeren Frauen – egal ob sie sich vegan ernähren oder nicht – insbesondere in den letzten Schwangerschaftsmonaten empfohlen werden.

### Pflanzliches und tierisches Eisen

Tierisches Eisen wird in der Leber der Tiere (Schwein, Kuh, Huhn, Fisch etc.) bereits in die bioaktive Form, das sogenannte Hämeisen, umgewandelt. In dieser Form kann es direkt zur Bildung von roten Blutkörperchen verwendet werden. Daher ist die Eisenaufnahme über tierische Produkte relativ einfach.

Wenn wir pflanzliches Eisen zu uns nehmen, brauchen wir zunächst eine Fettsäure, die beim Transport des Eisens ins Blut hilft. Des Weiteren muss der Umbau des Eisens in der Leber erst noch herbeigeführt werden. Dazu benötigt die Leber Enzyme, die aus Eiweißen aufgebaut sind. Der Körper braucht also zum Transport des Eisens Fette und zur Verwertung Eiweiße.

### Falsche und richtige pflanzliche Ernährung

In meiner Praxis sehe ich immer wieder junge Mädchen und Frauen mit niedrigen Eisenwerten. Sie haben einen rein pflanzlichen Ernährungsstil zur Gewichtsabnahme gewählt, ernähren sich größtenteils von Obst und Gemüse und meiden energiegeladenere Nahrungsmittel wie Nüsse, Samen, Hülsenfrüchte und Getreide. Ihnen fehlen dann die lebensnotwendigen Fette und Eiweiße. Nimmt man pflanzliches Eisen zu sich und gönnt sich gleichzeitig ausreichend pflanzliche Fette und Eiweiße, dann verbraucht der Körper beim Umbau des Eisens Energie, die man bei der Aufnahme von tierischvorkonvertierten Nährstoffen nicht verbrauchen würde. Darum verbrauchen Pflanzenesser im Durchschnitt mehr Kalorien pro Tag und haben es grundsätzlich leichter, ihr Idealgewicht zu halten.

Ein weiterer Vorteil, dem Körper die Konvertierung von pflanzlichem Eisen zu überlassen, ist die Gefahr einer Eisenvergiftung. Fettlösliche Nährstoffe können sich, da der Überschuss nicht über den Urin ausgeschieden werden kann, in Blut und Gewebe in hohen Mengen ansammeln. Eine Eisenvergiftung ist lebensgefährlich. Bei Frauen im fruchtbaren Alter ist das eher unwahrscheinlich. Die monatliche Regelblutung greift hier tief in die Eisenreserven, um das verlorene Blut wieder zu bilden. Bei Jungen und Männern kann es aber passieren, dass sich zu viel Eisen akkumuliert und gesundheitliche Probleme bringt. Pflanzliches Eisen wird in der Leber nur in die bioaktive

Form umgewandelt, wenn der Bedarf da ist und ansonsten in der unschädlichen sogenannten Nichthämeisenform für später verwahrt.

## Pflanzliche Eisenlieferanten

Eisenhaltige Pflanzen sind dunkelblättrige Gemüse wie Spinat und Grünkohl sowie alle Hülsenfrüchte und Samen. Samen haben genug eigenes Fett, um hier den Transport zu garantieren. Einige Hülsenfrüchte, wie z. B. Erbsen und Linsen und kalorienarmes Blattgemüse, haben so gut wie kein eigenes Fett. Also sollte man bei der Zubereitung einer Mahlzeit auf jeden Fall Fett hinzugeben. Schmackhaft sind z. B. ein Blattsalat mit Avocado oder ein Bohnensalat mit Cashewkern-Sauercreme (Seite 69). Darüber hinaus kann man die Eisenaufnahme durch die gleichzeitige Einnahme von Vitamin C erhöhen. Geben Sie hierfür Orangen- oder Paprikastücke über den Salat. Eisen verhindert jedoch die Aufnahme von einigen anderen Nährstoffen allen voran Kalzium und Zink. Demnach ist es ratsam nicht zu häufig Lieferanten dieser Nährstoffe zu kombinieren, beispielsweise Spinat und Broccoli oder Kürbiskerne und Linsen.

# Vitamin D – das Sonnenvitamin

Das sogenannte Vitamin D ist physiologisch gesehen kein Vitamin, sondern ein Hormon. Die Vorstufen des Vitamins bildet unser Körper selbst. Unter dem Einfluss von Sonnenlicht erfolgt dann der weitere Umbau dieser Vorstufen. Wenn der kurzwellige Anteil des Sonnenlichts auf die ungeschützte Haut fällt, wird in den Hautzellen alles mobilisiert, um das entzündungshemmende Hormon Vitamin D herzustellen. Vitamin D gelangt dann über das Blut in die Leber, wo es je nach Bedarf in die bioaktive Vitamin-$D_3$-Form umgewandelt wird. Vitamin $D_3$ erhöht die Kalziumaufnahme und trägt so zur Knochenstärkung bei. Das Immunsystem benutzt Vitamin $D_3$, um schneller von der Entzündungsphase zum antikörpervermittelten Angriff auf bakterielle oder virale Erreger überzugehen und schneller wieder fit zu sein.

Da Vitamin D fettlöslich ist, kann man potenziell zu viel davon bekommen. Es ist aber nur in der bioaktiven Vitamin-$D_3$-Form schädlich. Da die Leber nur so viel umwandelt, wie benötigt wird, muss man sich also keine Sorgen machen, durch zu langes Sonnenbaden ins Vitamin-D-Koma zu fallen. Die Mengen, die der Körper braucht, können je nach Hauttyp schon nach einem zehnminütigen Sonnenbad in der Sommersonne ohne Sonnenschutz gebildet werden. Kinder und Erwachsene mit besonders empfindlicher Haut oder ältere Menschen, die kaum noch draußen sind, sollten möglicherweise auch im Sommer ein Vitamin-D-Präparat einnehmen.

Ein adäquater Vitamin-D-Wert ist so wichtig, dass es ratsam ist, diesen Wert vom Arzt jährlich checken zu lassen. Die beste Zeit dafür ist am Ende des Winters. Dann erhält man seinen Jahresniedrigstwert und wird nicht durch einen saisonalen Optimalwert im Sommer getäuscht.

Tiere, die natürliches Sonnenlicht genossen haben, bilden ebenfalls Vitamin $D_3$. Mit der tierischen Nahrung können wir dementsprechend bio-aktives Vitamin $D_3$ aufnehmen. Produkte von Tieren, die nur im Stall gehalten wurden, sind natürlich arm an dem Sonnenhormon Vitamin D. Milchprodukte, Eier, Fisch und Fleisch von diesen Tieren können uns so auch kein Vitamin D liefern – egal, was auf der Nährstoffliste der Verpackung angegeben wurde.

## Pflanzliche Vitamin-D-Lieferanten

Vor allem Pilze können, wenn sie in der Sonne getrocknet wurden, eine Vorstufe von Vitamin D speichern. Im Herbst und Winter, wenn die Sonnenstunden weniger werden, ist es also sinnvoll, Pilzgerichte zu essen. Da Vitamin D fettlöslich ist, sollte man Pilze immer mit einem Fett kombinieren. Mein Janosch-Traumgericht mit gefüllten Pilzen (Seite 79) ist ein einfacher und leckerer Vorschlag dazu.

# Wirklich problematisch: Vitamin $B_{12}$

Nun sind wir bei dem Nährstoff angelangt, von dem Veganer tatsächlich zu wenig zu sich nehmen. Eine Nahrungsergänzung mit Vitamin $B_{12}$ ist in der rein pflanzlichen Ernährung ein Muss! Das ist aber keineswegs Beleg dafür, dass wir Menschen eigentlich doch nicht von Pflanzen allein leben können. $B_{12}$ ist ein metabolisches Beiprodukt von Bakterien in unserem oder in tierischen Dickdärmen. Beim Schlach-

ten ist es nicht zu vermeiden, dass das Darminnere in Berührung mit dem Fleisch kommt. Eigentlich ist das eine ungewollte »Kontaminierung« oder Beschmutzung des essbaren Fleisches. Eine Ladung $B_{12}$ kommt so auch auf Gemüse- und Getreidefelder, wenn die Erde mit tierischem Kot, d.h. Mist und Gülle, gedüngt wird. Einige Veganer hoffen, über ungewaschenes Wurzelgemüse so ausreichend $B_{12}$ zu bekommen. Ungewaschene Algen haben auch eine Portion $B_{12}$ über Fischkot bekommen. Da Tier- und Fischkot aber auch gesundheitsschädliche Bakterien enthalten könnten, ist und bleibt mein Ernährungsrat für Veganer: Gemüse immer gut waschen und stattdessen die vegane Ernährung mit einem synthetischen Vitamin-$B_{12}$-Präparat vervollständigen.

Vitamin $B_{12}$ ist enorm säureempfindlich und kann schwer über den Magen aufgenommen werden. Ganz einfach: Sublingual, d.h. unter der Zunge, geht die Aufnahme über den Speichel am einfachsten. Im Drogeriemarkt findet man zwei Formen, Methylcobalamin und Cyanocobalamin, wobei ich Methylcobalamin empfehle. Eine Einnahme pro Woche ist ausreichend.

# Tipps für die gesunde pflanzliche Küche

Pflanzliche Lebensmittel liefern nicht nur Energie, sondern auch die für den Körper so wichtigen sekundären Nährstoffe – »all in one« sozusagen.

Pflanzen sind komplexe Wunder der Natur. Sie enthalten energiereiche Nährstoffe wie Kohlenhydrate, Proteine und Fette sowie sekundäre Nährstoffe wie Ballaststoffe, Enzyme, Mineralien oder Spurenelemente, bioaktive Substanzen (Phytamine), Vitamine und Wasser. Während die kalorienhaltigen Nährstoffe uns in erster Linie Energie und Kraft geben, sorgen die kalorienfreien Nährstoffe für die Gesundheit. In der Natur sind die energiegeladenen Nährstoffe mit den sekundären Nährstoffen in beeindruckende Kraftpakete gebunden. Beim Verzehr diese komplexen Nährstoffe können wir von deren Lebenskraft profitieren.

In der Lebensmittelindustrie versucht man nun, einen bestimmten Nährstoff zu isolieren und einzeln oder mit anderen extrahierten Nährstoffen in neue Lebensmittelprodukte zu verwandeln. So entstehen weißer Puderzucker, weißes Mehl, reine Öle, Eiweißpulver oder auch Nahrungsergänzungspräparate in Form von Tabletten und Kapseln, wie z. B. Brokkoli- oder Granatapfel-Tabletten. Die stark verarbeiteten energiegeladenen Nährstoffe, wie zugefügter Zucker, weißes Mehl oder Frittierfett, führen auf Dauer zu Übergewicht. Ohne Ballaststoffe machen sie weniger satt und man läuft Gefahr, zu viel davon zu essen. Fehlende sekundäre Nährstoffe

und weniger gute Kombinationen. Eine einfache Regel ist, nicht zu viele ähnliche Lebensmittel zu kombinieren. Ein Dessert, das bereits mit Datteln gesüßt ist, braucht nicht noch zusätzlich süßes Obst. Oder eine Avocadocreme braucht nicht noch extra Öl.

In der Tabelle sind die Pflanzen nach energetischen Gesichtspunkten gruppiert. So sind z. B. Obst- und Gemüsesorten in stärke- und weniger stärkehaltige Kategorien gruppiert. Auch wenn Obst und Gemüse einen geringen Gehalt an Proteinen haben können, gehören sie ernährungstechnisch zu der Gruppe der Kohlenhydrate. Wie bereits erwähnt, ist es zudem besser, den Eiweißbedarf mit höherprozentigen Quellen wie Vollkornprodukten, Hülsenfrüchten, Nüssen und Samen zu decken. Hier fallen Nüsse und Samen nicht nur wegen ihres vergleichbar ähnlichen Aminosäurenprofils, sondern wegen des hohen Fettanteils in die selbe Kategorie. Vollkornprodukte und Hülsenfrüchte sind fettarme Eiweißlieferanten. Wenn man aus jeder Kategorie eine Zutat nimmt, gelangt man immer zu einer ausgewogenen Mahlzeit. So läuft man auch nie Gefahr, fettlösliche Nährstoffe ohne den notwendigen Fetttransporter

wie Vitamine oder Phytamine bedeuten aber auch, dass manche Stoffwechselaufgaben nicht mehr erfüllt werden können. Die Kalorien werden dann für später »geparkt« – meist als Hüft- oder Bauchspeck.

## Ausgewogen essen

Auch wer nicht Vollzeit-Veganer ist oder werden will, sollte sich über die richtige Kombination von Nahrungsmittelgruppen Gedanken machen. Genauso wie ein Glas Milch und ein Joghurt kein ausgewogenes Frühstück sind, gibt es in der Pflanzenwelt gute

| Kohlenhydrate | | |
|---|---|---|
| | **nicht stärkehaltig** | **stärkehaltig** |
| Gemüse | Blattgemüse, Sellerie, Gurken, Kohl, Zucchini, Pilze, Kräuter | Kartoffeln, Wurzelgemüse |
| Obst | Apfel, Beeren, Kirschen, Trauben, Zitrusfrüchte, Ananas, Tomaten | Bananen, Datteln, Rosinen |

| Proteine | |
|---|---|
| Hülsenfrüchte | Bohnen, Linsen, Erbsen, Erdnüsse |
| Getreide | Weizen, Roggen, Hafer, Dinkel, Reis |

| Proteine und Fette | |
|---|---|
| Nüsse/fetthaltige Früchte (mit * gekennzeichnet) | Mandeln, Paranüsse, Cashewkerne, Haselnüsse, Macadamias, Pistazien, Pekannüsse, Walnüsse, Pinienkerne, Avocado*, Kokosnuss* |
| Samen | Chia, Leinsamen, Kürbiskerne, Sonnenblumenkerne |

zu sich zu nehmen. Nicht jede Gruppe muss in jeder Mahlzeit vertreten sein, aber über den Verlauf des Tages sollte man sich bemühen, aus jeder Gruppe einen Vertreter zu essen. Den Tagesbedarf kann man so ohne Probleme abdecken. Wer hier besorgt ist, kann mit einem Ernährungsberater zusammenarbeiten und sich gemeinsam mit diesem einen Essplan erarbeiten.

# Smartes Einkaufen und optimale Lagerung

**Frisches Obst und Gemüse** finden Sie in jedem Supermarkt oder auf dem Wochenmarkt. Und wer auf dem Land wohnt, hat vielleicht sogar einen eigenen Garten oder Zugang zu einem Bauern, der seine Ernte verkauft. Frische Nahrungsmittel sind natürlich schneller verderblich. Bereits gewaschenes Obst und Gemüse kann man zusätzlich frisch halten, indem man in den Behälter ein Küchenrollenpapier legt, das überschüssige Flüssigkeit aufsaugt.

**Frisches Getreide.** Getreidekörner und -produkte sind im Supermarkt am einfachsten zu bekommen. Biomärkte bieten eine große Auswahl, aber auch zu höheren Preisen. Billigsupermärkte sind hier keineswegs schlechter. Durch größere Abnahmemengen können diese einfach bessere Preise verhandeln, die dem Kunden zugutekommen.

**Hülsenfrüchte.** In den meisten Supermärkten sind diese getrocknet oder bereits vorgekocht erhältlich. Erbsen, Linsen und andere Bohnen kann man auch gut bei sich zu Hause im Schrank oder Gefrierfach lagern.

**Nüsse und Samen.** Am besten achten Sie hier auf unbehandelte, d. h. weder vorgeröstete noch vorgewürzte Knabberprodukte. Nüsse und Samen sollten kühl und trocken in einem verschließbaren Behälter gelagert werden und halten dann so ca. einen Monat. Im Gefrierfach kann man diese Zeit auf bis zu vier Monate ausweiten.

## Ist Bio besser?

Biologisch angebaute Produkte garantieren den Verzicht auf schädliche Pestizide, die nicht nur für uns beim Verzehr direkt gesundheitsschädlich sein könnten, sondern auch die Qualität unserer Erde auf lange Zeit nachteilig belasten. Bauern, die unter dem biologischen Siegel ihre Arbeit verrichten, haben zudem die gesetzliche Verpflichtung, keine genetisch manipulierten Samen zu verwenden, was sich negativ auf unser Ökosystem wie auch unsere Gesundheit auswirken kann. Bioprodukte gibt es schon lange nicht mehr nur im Biomarkt. Immer mehr Supermärkte haben mittlerweile ein beeindruckendes Sortiment von Produkten aus kontrolliert biologischem Anbau. Ökologisch bewusste Bauern für ihr Engagement mit einem etwas höheren Preis zu unterstützen, ist so auch für budgetbewusste Einkäufer möglich.

## Rohkost mit und ohne Biss

Ich werde häufig gefragt, ob wir als rein pflanzenessende Familie viel Salate essen und wie mein Sohn von klein auf mit all der festen Rohkostnahrung klar kam. Es stimmt, das wir all die Zuta-

## Einkaufen smart gemacht

Smartes Einkaufen für den eigenen oder den Familienbedarf bedeutet, so wenig wie möglich zu verschwenden. Die richtige Lagerung kann hier die Haltbarkeit um Wochen verlängern. Gute Frischhaltebehälter oder spezielle Frischhaltetüten sind auf jeden Fall ihr Geld wert. Bereits gewaschenes Obst und Gemüse kann man zusätzlich frisch halten, indem man in den Behälter oder die Tüte ein Küchenrollentuch einlegt, das überschüssige Flüssigkeit aufsaugt. Auch wenn es Sinn hat, mit den Jahreszeiten zu essen, kann einen die Lust auf Erdbeeren auch schon mal im Winter überfallen. Hier kann man auf gefrorenes Obst zurückgreifen. Das Einfrieren von Obst und Gemüse reduziert deren Nährgehalt zwar um 30 Prozent, damit sind sie aber immer noch nahrhafter als abgekochtes und eingemachtes Obst und Gemüse aus dem Glas oder der Konservendose. Selbst einfrieren ist prima, wenn das Obst und Gemüse bereits super reif sind, aber nicht gleich verzehrt werden können.

ten, mit denen man einen tollen Salat machen kann, täglich essen: Salatblätter, rohe Möhren, Sellerie, Äpfel, Samen und Nüsse. Aber anstatt an diesen roh zu nagen, verarbeiten wir sie zu cremigen Smoothies, Rohkostsuppen oder auch cremigen Süßigkeiten. Die Investition in einen Hochleistungsmixer war für uns auf jeden Fall lohnenswert. Tyler konnte so als Baby bereits rohen Spinat in Frucht-Smoothies und harte Cashewkerne in Spaghettisoße verdauen. Küchenmaschinen sind hier tolle Hilfen, hartes Gemüse, Nüsse und Samen leichter verdaulich zu machen, ohne den Nährwertgehalt durch Abkochen oder Backen zu verringern.

Kochen oder andere Zubereitungsformen mit Hitze sind aber keineswegs schlecht. Gemüse weich zu kochen und so für Kleinkinder oder auch sich selbst genießbar zu machen kann sogar von Vorteil sein. Das Vitamin A in Möhren und Süßkartoffeln ist z. B. einfacher aufzunehmen, wenn das Gemüse vorher gekocht wurde. Es gibt sogar einige Pflanzen, die roh schädlich sind, wie Linsen oder Pilze. Neben dem mechanischen Kleinmachen und dem Weichkochen gibt es noch drei weitere Küchentricks, die Textur von harter Rohkost zu verändern:

**Einfrieren und dann Auftauen.** Der Vorgang setzt bei Obst und Gemüse Wasser frei und verändert so ihre Bisshärte. Ich bereite auf diese Weise ungekochtes Apfelmus zu. Rohe Äpfel würden sich im Mixer nur verflüssigen und durch das Kochen beschädige ich das hitzeempfindliche Vitamin C. Äpfel sind, in Stücke geschnitten, eingefroren und dann wieder aufgetaut, breiweich und dennoch vitamin- und enzymreich.

**»Schwitzen«.** Legt man rohes Gemüse in Salz ein, so zieht das Wasser aus der Pflanze, was man in der Kochkunst als »Schwitzen« bezeichnet. Das Gemüse wird dann weich. Probieren Sie mal die Zucchininudeln (Seite 99).

**Einlegen oder Fermentieren.** Diese klassischen Methoden sind nicht nur geeignet, verderbliche Nahrungsmittel länger haltbar zu machen, sondern haben auch Einfluss auf deren Textur. Klein

gehackte Kohlblätter werden so zu weicherem Sauerkraut. Paprika und Auberginenstücke sind eingelegt immer noch bissfest, aber weicher als deren Rohformvorlage. Nahrungsmittel werden durch die Zugabe von aktiven Kulturen vorverdaut. Dies hat nicht nur Auswirkungen auf den Biss, sondern erhöht sogar den Nährwertgehalt.

# Pflanzliches Protein richtig aufnehmen

Wie bereits erwähnt, gibt es in der veganen Vollkosternährung vier gute pflanzliche Eiweißlieferanten: Getreide, Hülsenfrüchte, Nüsse und Samen. Diese Lebensmittel sind roh grundsätzlich schwerer zu verdauen als Obst und Gemüse.

Das liegt an bestimmten unverdaulichen Proteinen, die einzigartig für diese Pflanzen sind und die Pflanzen in der Natur vor Insekten und Tieren schützen.

- Bestimmte Getreidearten enthalten schwer verdauliches Gluten.
- Hülsenfrüchte enthalten giftige Lektine.
- Nüsse und Samen weisen eine hohe Konzentration von Phytinsäure auf.

In der Ernährungswissenschaft bezeichnet man diese unverdaulichen Proteine als Nährstoffinhibitoren, da sie im Körper die Darmwand beschädigen können und so die Aufnahme von bestimmten lebenswichtigen Nährstoffen verhindern, insbesondere Eisen und Zink, die für die Bildung der roten und weißen Blutkörperchen notwendig sind. Die Pflanzen schützen sich durch diese Substanzen vor Nagetieren und anderen Schädlingen in der Natur.

Da wir eine wesentlich größeres und unempfindlicheres Verdauungssystem als Feldmäuse oder Kriechtiere haben, können wir diese natürlichen Giftstoffe in kleinen Mengen tolerieren.

Wenn wir jedoch regelmäßig und in großen Mengen diese pflanzlichen Proteinlieferanten mit den natureigenen Pestiziden (oder Nährstoffinhibitoren) verzehren, sollten wir diese vorher durch Einweichen deaktivieren.

## Getreide, Samen und Nüsse einweichen

Mit einer einfachen Methode lassen sich diese Inhibitoren deaktivieren. Alle diese Pflanzen haben Enzyme, die die Giftstoffe unschädlich machen können. Diese Enzyme müssen aber erst aktiviert werden. Dies gelingt ganz einfach durch Einweichen in Wasser. Je nach Härte der Frucht bedarf es mehr oder weniger Zeit, bis die Aktivierung erfolgt. Hülsenfrüchte müssen zudem nach dem Einweichen noch abgekocht werden.

Im Internet findet man hierzu eine Tabelle mit genauen Zeitangaben. Da beim Einweichen in Wasser bei Raumtemperatur gesundheitsschädliche Bakterien zum Wachstum angeregt werden könnten, ist es ratsam, das Wasser mit Salz oder Essig zu versetzen. Ich weiche daher meine Nüsse und Samen in Salzwasser ein und bei Bohnen und anderen Hülsenfrüchten gebe ich einen Schuss Apfelessig dazu.

# Gute Essgewohnheiten

Mit dem richtigen Bewusstsein und ein bisschen Disziplin können Sie Ihren Kindern ein gutes Gefühl für die richtige Ernährung vermitteln.

**Überprüfen Sie Ihren Vorrat.** Umgeben Sie sich mit gesunden Nahrungsmitteln. Wer den Schrank voller Süßigkeiten und Knabberzeug hat, wird es schwerer haben, aus frischen Zutaten etwas Leckeres und Gesundes zu zaubern, wenn der Hunger kommt.

**Regelmäßig vollwertig essen.** Essen Sie vollwertige Mahlzeiten. Insbesondere Menschen mit Kindern sollten sich der Verantwortung bewusst sein, dass Ihr Essverhalten sich auf die Nachkommen überträgt. Gehen Sie mit gutem Beispiel voran. Wer selber vor dem Fernsehen jeden Abend eine Tüte Chips leert, kann von seinen Kindern nicht erwarten, mit Obst- oder Gemüsesticks als Snack zufrieden zu sein.

**Keine »Extrawürste«.** Gestatten Sie Ihren Kindern nicht zu viele Sonderwünsche. Zugleich rate ich Eltern mit schwierigen Essern zu Geduld und Gelassenheit. Machen Sie sich nicht verrückt, wenn nicht jedes Gericht gleich ein Hit ist. Wissenschaftlich ist bewiesen, dass Kinder bis zu siebenmal einen neuen Geschmack erleben müssen, bis sie ihn akzeptieren.

**Berücksichtigen Sie individuelle Bedürfnisse.** Kinder im Wachstum können durchaus mehr Kohlenhydrate in einer Mahlzeit vertragen, Jungen und Männer brauchen grundsätzlich etwas mehr Eiweiß als Mädchen und Frauen. Alle meine Rezepte können Sie einfach an individuelle Bedürfnisse anpassen. Eine

Suppe mit etwas mehr Linsen zuzubereiten, oder beim Nachtisch eine Extraportion Nuss-Sahne-Creme obendraufschlagen erfordert nicht viel zusätzliche Arbeit.

**Essen als Gemeinschaftserlebnis.** Zusammen zu essen und Neues auszuprobieren, sollte vor allen Dingen mit Freude am Essen verbunden sein. Essen ist schließlich mehr als nur reine Nahrungsaufnahme. So sollte Essenszubereitung in der Familie auch nicht nur Aufgabe einer einzelnen Person sein. Eine Mahlzeit gemeinsam zu planen und darüber zu sprechen hilft zudem, sich zusammen Gedanken über das, was auf den Tisch und letztlich in den Körper kommt, zu machen.

**Liebe geht durch den Magen.** Und so kennen wir alle Situationen, in denen wir uns selbst oder andere mit was Leckerem glücklich machen wollen. Nahrungsmittel als Belohnung oder als Druckmittel für bestimmtes Verhalten zu nutzen hat den Nachteil, dass Lebensmittel als »gut« oder »schlecht« eingestuft werden. Die emotionale Bindung ans Essen oder Nichtessen wird im Kindes- und Jugendlichenalter geprägt. Die Popularität von Diäten im Erwachsenenalter ist ein Beweis

dafür, dass die Beziehung zum Essen bei vielen auf wackligen Beinen steht. In der Ernährungswissenschaft weiß man, dass die »primäre Nahrung« keineswegs nur mit Löffel und Gabel aufgenommen wird. Familie, Freundschaft und Zufriedenheit bei der Arbeit und in der Schule sind hier viel nahrhafter als eine Tafel Schokolade oder ein Grünkohlsaft.

**Lehren, nicht predigen.** Kinder sind von Natur aus wissbegierig. Einfache Erklärungen, warum ein bestimmter selbst gemachter Snack wertvoller ist, wird mit der Zeit auf offene Ohren stoßen und hilft so Ihren Kindern, später selber gute Entscheidungen in Bezug auf ihre Ernährung zu treffen.

# Die Rezepte

Aus einer Handvoll vollwertiger Zutaten etwas Leckeres zaubern ist keine Hexerei. Das Ganze ist mehr als die Summe seiner Teile.

# SMOOTHIES UND SÄFTE

# Süße Mandelmilch

**8 Portionen**
⊘ 10 Min.

200 g gehackte Mandeln • 600 ml Kokosnusswasser • 300 ml stilles Mineralwasser

● Alle Zutaten auf höchster Stufe mixen. Wer keinen Hochleistungsmixer zur Hand hat, kann die Mandeln einfach vorher ein paar Stunden in dem Kokosnuss- und Mineralwassergemisch einweichen.

*Mandeln sind sehr eiweißreiche Nüsse und haben prozentual weniger Fett. Aber es reicht aus, um die Aufnahme des fettlöslichen Vitamins E aus der Nuss zu ermöglichen. Mandeln sind zudem reich an knochenstärkendem Kalzium und eignen sich so optimal als Milchersatz. Da das Rezept keinen zusätzlichen Emulgator verwendet, wird sich im Kühlschrank das Fett vom Wasser trennen. Vor dem nächsten Einschenken einfach gut schütteln.*

# Mein erster grüner Smoothie

Für 2 Portionen
⊘ 15 Min.

4 cm dicke Scheibe Ananas • 2 Handvoll junger Spinat • ½ weiche Avocado

● Ananas ohne Schale in Stücke schneiden und mit dem harten Mittelstrunk in den Mixer geben. Spinatblätter mit Stängel dazugeben.

● Avocado längs aufschneiden, Stein entfernen und das cremige Innere mit einem Löffel aushöhlen und ebenfalls in den Mixer geben. Alles auf höchster Stufe cremig mixen.

*Dieser Einsteiger-Smoothie ist im Grunde ein kleinkindgerecht gemachter Salat: dunkelgrünes Blattgemüse mit saftigem Obst und vollwertigem Fett. Das Vitamin C der Frucht erleichtert die Aufnahme des Eisens vom Spinat, der mithilfe des Fettes der Avocado ins Blut getragen wird. Dieses nahrhafte Getränk ist ein toller Energielieferant am frühen Morgen.*

◄❯ Kiwi-Viren-Feind

# Kiwi-Viren-Feind

2 Portionen
⊘ 15 Min.

4 Kiwis • 200 g Naturtofu • 2 probiotische Kapseln

● Kiwis in Hälften schneiden, mit einem Löffel das Fruchtfleisch herausholen und in den Mixer geben.

● Naturtofu kurz unter Wasser halten und mit einem Küchenhandtuch oder Papiertuch trocken tupfen. Den Tofublock dann ebenfalls in den Mixer geben. Den Inhalt der probiotischen Kapseln dazugeben und alles gut mixen.

*Kiwis sind Kunstwerke der Natur: geformt wie ein Ei, behaart wie ein Tier und im Inneren erinnert das Fruchtfleisch an einen Solarstern, dessen Vitamin C nur so strahlt. Tofu und darmfreundliche Bakterien sind das Basisrezept für einen hausgemachten pflanzlichen Joghurt. Der hohe Vitamin-C-Gehalt der Kiwis, gekoppelt mit der Kampflust der aktiven Kulturen, zwingen Erkältungsviren schnell in die Knie.*

# ACE-Smoothie

**Für 2 Portionen**
⊘ 15 Min.

2 Möhren • 2 Apfelsinen • 60 g Mandeln

● Möhren gut waschen, aber nicht schälen. In grobe Stücke schneiden oder mit der Hand brechen und dann mit den geschälten Apfelsinen und den Mandeln auf höchster Stufe dickflüssig mixen.

● Wer keinen Hochleistungsmixer zur Hand hat, kann einfach die Möhren vorher kleiner schneiden oder raspeln und notfalls etwas Wasser dazutun.

*»A« steht für das augenfreundliche Vitamin A, das die Möhre liefert, »C« für das abwehrsystemstärkende Vitamin C der Apfelsine und »E« für das hautliebende Vitamin E der Mandel. Medizin zum Trinken! Mmh!*

# Regenbogensaft

**2 Portionen**
⊘ 10 Min.

4 kurze Gurken (ca. 10 cm) • 2 Rote Bete mit Blättern • 4 große Möhren (ca. 15 cm)

● Alles Gemüse gut waschen, aber nicht schälen. Mit Schale dann einzeln entsaften und dann den Saft nacheinander in ein Glas schütten. Die Säfte der Wurzelgemüse werden aufgrund ihrer höheren Dichte auf den Glasboden sinken, während der leichtere Gurkensaft oben schwimmt.

*Säfte sind von Natur aus »fragmentierte Getränke«, da ihnen die Ballaststoffe entzogen wurden. Dennoch eignen sie sich, Kinder für rohes Gemüse zu begeistern. Zudem haben Gemüsesäfte weniger Fruchtzucker als frische Obstsäfte und daher eine geringere Insulinausschüttung zur Folge.*

❯❯ Leckere Smoothies

# Isotonische Limonade

2 Portionen
⊘ 10 Min.

Saft von 1 Zitrone • 360 ml Kokosnuss-wasser • 100 ml Sprudelwasser

● Zitrone halbieren und auspressen. Den Saft in das Kokosnusswasser rühren und zuletzt Sprudelwasser hinzu-mischen.

● Nicht viel umrühren, um den Sprudel zu erhalten.

*Sauer macht lustig. Versüßt mit Ko-kosnusswasser und mineralhaltigem Sprudelwasser wird diese Limonade zu einem spritzigen Sommervergnügen und liefert gleichzeitig eine große Portion Vitamin C.*

# Gingerale

2 Portionen
⊘ 10 Min.

1 cm frischer Ingwer • 360 ml Kokos-nusswasser • 100 ml Sprudelwasser

● Den Ingwer schälen und mit einer Knoblauchpresse gleich in das Kokos-nusswasser entsaften.

● Sprudelwasser hinzugeben und vor-sichtig umrühren.

*Ingwer ist eine hochbasische Heil-pflanze, die die natürliche Heilkraft des Körpers aktiviert. Kokosnusswas-ser und Sprudelwasser ergeben zusam-men ein ausgeglichenes isotonisches Getränk. Kokosnusswasser liefert blut-drucksenkendes Kalium, das von den Mineralsalzen des Sprudelwassers aus-geglichen wird.*

FRÜHSTÜCK

# Omega-3-Knusper-Müsli

**2 Portionen**
⊘ 5 Min.

60 g Vollkornpaniermehl (alternativ: konventionelles Paniermehl) • 60 g Walnüsse • 1 TL Zimt

● Alle Zutaten mit einer Küchenmaschine mischen. Wer keine Maschine zur Hand hat, kann auch gehackte Walnüsse nehmen oder die Nüsse mit der flachen Hand klein drücken und dann mit dem Paniermehl und dem Zimt vermischen.

*Dieses leckere Knuspermüsli schmeckt prima mit frischem oder aufgewärmtem Obst aus dem Kühlfach. Dieses Nuss-Getreide-Gemisch ist komplett zuckerfrei. Der Zimt verleiht einen süßen Geschmack. Alleine gegessen hat das Knuspergemisch demnach keine Auswirkung auf den Blutzuckerspiegel. Ganz im Gegenteil: Die Energie aus hochwertigen Proteinen und gehirnfreundlichen Omega-3-Fettsäuren stabilisiert Verstand und Gemüt.*

# Müsli für starke Knochen

**1 Portion**
⊘ 5 Min.

40 g Haferflocken • 1 EL gemahlene Leinsamen • 3 EL heißes Wasser • 1 Banane oder anderes frisches Obst

● Haferflocken und Leinsamenmehl mischen und dann heißes, aber nicht kochendes Wasser hinzugeben.

● Gut umrühren und die Banane in Scheiben geschnitten ebenfalls untermischen und warm servieren.

*Dieses Müsli braucht weder Zuckerzusatz noch Milch. Hafer gekoppelt mit Leinsamen ergibt ein komplettes Protein und die Mineralien von Getreide, Samen und Banane liefern ausreichend Magnesium und Kalzium für starke Knochen. Zudem liefern die Leinsamen entzündungshemmende Omega-3-Fettsäuren für das lernbegierige Gehirn.*

# Voll-Kraft-Brötchen

**Für 4 Brötchen**
⊘ 30 Min. + 45 Min. Backzeit

150 g Grünkern (Vollkorndinkel) • 2 Möhren • 3 EL Leinsamen (geschrotet) • 1 EL Apfelessig • 1 TL Backsalz • 2 EL Zimt (optional)

● Möhren waschen und raspeln, rohen Grünkern mahlen.

● Dann alle Zutaten zusammen mischen und so viel Wasser hinzugeben, bis der Teig eine klebrig-feuchte Konsistenz hat.

● Faustgroße Brötchen formen und bei 180 Grad auf mittlerer Schiene für 45 Min. backen.

*Diese Brötchen brauchen keinen Belag. In ihnen sind bereits nährstoffreiche Gemüse und wertvolle Fette verarbeitet: Vitamin A aus den Möhren und Omega-3-Fettsäuren aus Leinsamen.*

# Bananen-Blaubeeren-Pfannkuchen

**2 Portionen**
⊘ 30 Min.

- 250 g Haferkleie
- 2 EL Chiasamen
- 100 ml Sprudelwasser
- 1 große Banane
- 150 g gefrorene Blaubeeren

● Die Haferkleie mit den Chiasamen vermischen. Banane schälen und in schmal geschnittenen Scheiben zu der Trockenmischung hinzugeben. Die gefrorenen Blaubeeren mit einem Löffel unterrühren, das ergibt die blaue Farbe. Zuletzt das Sprudelwasser mit dem Löffel unterheben. Aber nur vorsichtig umrühren.

● Die Luftblasen des Sprudels werden die Pfannkuchen schön locker machen. Zu viel Rühren würde das verhindern. Die Chiasamen quellen auf und geben dem Teig Halt. Am besten den Teig für eine Minute stehen lassen, um zu sehen, ob das Sprudelwasser und die Flüssigkeit von den langsam auftauenden Blaubeeren ausreichend »Munition« für die Chiasamen sind. Der Teig sollte dickflüssig vom Löffel gleiten. Notfalls mit einem extra Schuss Sprudel oder Haferkleie den Teig zur gewünschten Konsistenz bringen.

● In der Zwischenzeit eine beschichtete Bratpfanne (z. B. Porzellan-Emaille-beschichtet) auf höchster Stufe vorheizen. Einen großen Teigklecks in die heiße Pfanne geben und mit einem Löffel zu einem ca. 10 cm runden, 1 cm hohen Pfannkuchen formen. Auf mittlerer Stufe von beiden Seiten je ca. 3 Min. bräunen.

*Wer keine beschichtete Pfanne hat, sollte etwas hitzestabiles Fett, wie z. B. Kokosnussöl, zum Braten in die Pfanne geben.*

# ENERGIEGELADENE SNACKS

# Power-Riegel für den Kopf

8 Riegel
⊘ 15 Min.

250 g Walnüsse • 8 Datteln • 2 gehäufte EL ungesüßtes Kakaopulver

● Alle Zutaten mit einer Küchenmaschine vermischen und dann mit den Händen zu ca. 5 cm × 2 cm × 1 cm großen Riegeln formen. Um Spuren von Fettglanz oder klebrigen Datteln an den Fingern zu vermeiden, kann man die Riegel leicht mit Kakaopulver bestreuen.

*Walnüsse sind wahre Hirnnahrung. Sie sehen nicht nur wie Gehirnhälften aus, sondern enthalten auch essenzielle Fettsäuren, die 50 Prozent der Gehirnmasse ausmachen. Darüber hinaus enthalten Walnüsse bestimmte Nährstoffe, die das Nervensystem stabilisieren, z. B. pflanzliches Melatonin, das dem Gehirn in der Nacht zur Regeneration verhilft.*

# Erdnussbutter-Knusperhappen

**10 Stück**
⊘ 30 Min. + 1 Std. Kühlzeit

- 150 g Erdnüsse
- 10 Datteln

- 2 gehäufte EL ungesüß-
  tes Kakaopulver

- 30 g Puffreis (ungesüßt)
  oder 2 Naturreis-
  Crispies

● Erdnüsse in den Mixer geben und bis zur Hälfte der Nussmenge mit Wasser füllen. Danach die Datteln und das Kakaopulver hinzugeben und auf höchster Stufe mixen, bis sich die Zutaten zu einer streichfesten Schokopaste verbinden. Notfalls mit etwas Wasser geschmeidiger machen oder überschüssige Flüssigkeit mit den Trockenzutaten ausgleichen.

● Die Paste herausholen und je 2 EL mit 2 TL Puffreis mit den Händen zu kleinen Quadrathappen formen. Anschließend alle Happen im Kühlschrank mindestens 1 Stunde aushärten lassen.

*Erdnüsse sind botanisch keine Nüsse, sondern gehören zur Familie der Hülsenfrüchtler. Sie sind reich an Proteinen und Ballaststoffen. In Kombination mit dem gepufften Vollkornreis liefern die leckeren Happen alle lebensnotwendigen Aminosäuren und sind somit nicht nur ein leckerer Imbiss, sondern auch ein energiegeladener Eiweißschub für starke Muskeln und Knochen.*

# Müsli-Riegel

**8 Riegel**
⊘ 15 Min.

200 g Haferflocken • 100 g Hanfsamen •
100 g Rosinen

● Alles in einem Mixer mit etwas Wasser zu einem klebrigen Teig mischen
und dann mit den Händen zu etwa
5 cm × 2 cm großen Riegeln formen.

● Im Kühlschrank festigen lassen und
innerhalb von zwei Wochen aufessen
oder einfrieren.

*Hanfsamen sind enorm gute Eiweiß-
lieferanten, die alle lebensnotwendigen Aminosäuren enthalten. Darüber
hinaus sind sie energiegeladen mit
Omega-3- und Omega-6-Fettsäuren.
Der glutenfreie Hafer gibt zusätzliche
Energie durch komplexe Kohlenhydrate
und füllende Ballaststoffe. Die Rosinen
bilden den Klebstoff zwischen dem Getreide und den Samen. Sie liefern zudem eine angenehme Süße und stärken
Knochen und Gelenke durch das Mine-
ral Bor.*

# Rohe Kekskugeln

**8 Kekse**
⊘ 15 Min.

100 g Vollkornpaniermehl (oder konventionelles Paniermehl) • 100 g Walnüsse • 4 frische Feigen oder getrocknete Datteln

● Alle Zutaten in einer Küchenmaschine mixen und dann mit den Händen zu bissgerechten Plätzchen oder
Kekskugeln formen. Im Kühlschrank
aufbewahren.

*Feigen oder Datteln liefern natürlichen
Zucker, der aber durch die fruchteige-
nen Ballaststoffe nur langsam ins Blut
aufgenommen wird. Die Kombination
von Vollkorn und Nüssen ergibt ein
ausgeglichenes Aminosäurenprofil und
macht die kleine Nascherei zu einem
proteinhaltigen Energieschub.*

# Vanille-Kipfel

**8 Stück**
⊘ 15 Min. + 1 Std. Kühlzeit

1 Vanilleschote • 100 g Macadamianüsse • 50 g Paniermehl

● Vanilleschote längs aufschneiden
und das Fruchtfleisch mit einem Löffel
ausschaben. Dann mit Nüssen und Paniermehl in einer Küchenmaschine mixen, bis das Fett der Macadamianüsse
die Zutaten zu einer klebrigen Paste
verbindet.

● Die Mischung dann wie Plätzchen-
teig in acht bissgerechte Kipfel formen. Am besten im Kühlschrank
1 Stunde kalt stellen, damit das Fett
wieder hart wird und die Kipfel sich in
fingerfreundliche Happen ohne Fett-
flecken festigen.

*Macadamianüsse enthalten entzün-
dungshemmende einfach ungesättigte
Fettsäuren, die man sonst nur vom
Olivenöl kennt.*

# Gefüllte Nusspastete

**8 Stück**
⊘ 15 Min.

100 g Macadamianüsse • 50 g Paniermehl • 1 Vanilleschote • 8 TL Herbst-
Marmelade (Seite 66)

● Teig herstellen wie bei den Vanille-
Kipfeln (links).

● Dann aber die Mischung in 16 kleine
quadratische Flächen drücken. Auf
acht davon einen Kleks Herbst-Marmelade geben und dann mit den anderen
acht Nusspastetequadraten zudecken.

*Da der Nussteig komplett zuckerfrei
ist, kann man ihn für süße Naschkatzen auch gerne mal mit süßen getrockneten Früchten verzaubern.*

# Kokos-Bälle

**10 Stück**
⊘ 15 Min.

10 Datteln • 2 gehäufte EL ungesüßtes Kakaopulver • 100 g ungesüße Kokosnussflocken

● Alles in einer Küchenmaschine vermischen. Je nach Trockengrad der Datteln kann es sein, dass man etwas Flüssigkeit braucht, um die Masse zu binden.

● Einfach etwas Wasser hinzugeben, bis sich die Zutaten zu einem schweren klebrigen Teig verbinden.

*Kokosnussfleisch ist reich an gesättigten Fettsäuren, die eigentlich das »ungesündere« Fett der Natur sind. Aber diese tropische Frucht erhält ihren medizinischen Wert von einer anderen einzigartigen Fettsäuresorte, den sogenannten MCT (mittelkettige Triglyzeride), die die Fettverbrennung ankurbeln und so eher schlank als fett machen.*

# Power-Riegel fürs Herz

**8 Riegel**
⊘ 15 Min.

250 g Paranüsse • 8 Datteln • 2 gehäufte EL ungesüßtes Kakaopulver

● Nussschokoladenmasse wie beim Power-Riegel für den Kopf (Seite 57) beschreiben herstellen.

*Paranüsse haben ein komplett anderes Nährstoffprofil als Walnüsse. Ihre Eiweißstruktur stimuliert die Ausschüttung von energiesteigernden Hormonen. Darüber hinaus sind sie das pflanzliche Superfood für das Spurenelement Selen, das Herz und Kreislauf stärkt. Selen hat die Kraft, Metalle im Blut zu binden und auf diese Weise Arterien von schädlichen Stoffen wie Amalgam zu befreien. Eine Paranuss allein deckt bereits unseren Selenbedarf für einen Tag!*

❯❯ Power-Riegel fürs Herz

# BROTAUFSTRICHE, DIPS UND SOSSEN

# Süßer Möhren-Brotaufstrich

**10 Portionen**
⊘ 20 Min. + 60 Min. Einweichzeit

125 g Cashewkerne • 6 große Datteln •
4 Möhren • 1 EL Spekulatiusgewürz
(alternativ: Zimt)

● Cashewkerne und Datteln separat in
Wasser etwa 60 Min. einweichen. Wasser danach abschütten und verwahren.

● Möhren gut waschen, aber nicht
schälen. Alle Zutaten dann in einem
Mixer auf höchster Stufe mixen. Falls
die Konsistenz zu fest ist, einfach etwas von dem süßen Dattelwasser hinzugeben.

*Dieser süße Gemüseaufstrich eignet
sich auch prima als Dip für Gemüsesticks oder herzhafte Kräcker, und
kann je nach Geschmack mit anderen Gewürzen in einen pikanten Snack
umgewandelt werden.*

# Herbst-Marmelade

**10 Portionen**
⊘ 15 Min. + Einweichzeit über Nacht

- 200 g getrocknete
  Früchte (z. B. Aprikosen,
  Feigen oder Pflaumen)

● Trockenobst in Wasser über Nacht aufweichen, dann Wasser abschütten und Früchte gut auswringen.

● Die Früchte mit einem Mixer zu einer cremigen, streichfesten Paste mixen. Wer einen Hochleistungsmixer hat, kann die Trockenfrüchte auch gleich mit etwas Wasser zur Marmelade mischen, ohne das Obst vorher einweichen zu müssen.

● Zur Adventszeit gebe ich meiner Wintermarmelade mit etwas Zimt einen vorweihnachtlichen Festgeschmack.

*Um die Erinnerung an den Sommer wiederzubeleben, kann man auch gefrorene Erdbeeren oder Kirschen auftauen und dann ohne das Tauwasser in den Mixer geben. Bei getrockneten Früchten sollte man auf ungesüßte Produkte achten, die ohne Schwefel ausgewiesen sind. Das Obst ist von Natur aus süß genug und der Schwefel erhält zwar die ursprüngliche Farbe, ist aber für den Körper ein Giftstoff. Marmeladen von naturbelassenen Trockenfrüchten haben demnach alle eine bräunliche Farbe. Aber sie sind viel gesünder als deren leuchtende schwefelhaltige Alternativen. Trockenfrüchte sind reich an unverdaulichen Zuckern, den sogenannten Oligosacchariden, die Futter für die guten Bakterien im Darm sind. Sie werden daher auch als Prä-Biotika bezeichnet. Im Übermaß können sie aber Blähungen und weichen Stuhlgang hervorrufen. Also, alles in Maßen genießen!*

# Cashewkern-Sauercreme

10 Portionen
⊘ 15 Min.

250 g Cashewkerne • 2 EL weißer Balsamico-Essig (oder ein anderer klarer Essig)

● Cashewkerne und Essig in den Mixer geben und dann noch bis zur Hälfte der Nussmenge mit Wasser füllen. Alles cremig schlagen. Für eine Sauercreme-Soße die Creme einfach mit etwas mehr Wasser flüssiger machen.

*Cashewkerne waren die ersten Nüsse meines Sohns Tyler. Sie sind wahre Glücklichmacher und in der Naturheilkunde deshalb als Antidepressiva bekannt. Sogar für kleine Kinder kann der extra Seratoninschub mal notwendig sein. Kindergarten und Vorschule sind schließlich nicht ganz ohne Stress für die Kleinen.*

# Instant-Streichkäse

10 Portionen
⊘ 15 Min. + 60 Min. Einweichzeit

250 g Cashewkerne • 2 EL Bierhefeflocken

● Cashewkerne 1 Stunde in Wasser einweichen. Dann Wasser abschütten und die Kerne samt Bierhefe in den Mixer geben und auf höchster Stufe zu einer cremige Masse mixen.

● Notfalls etwas Flüssigkeit hinzugeben, um die Geschmeidigkeit der Masse zu erhöhen.

*Bierhefeflocken sind, wie der Name vermuten lässt, ein Beiprodukt der Bierproduktion. Die getrockneten Flocken sind enorm reich an B-Vitaminen, die Haut und Haare geschmeidig machen und unsere Nerven stärken.*

# Kräuterbutter

**10 Portionen**
⊘ 15 Min.

1 cm Rosmarinstängel (oder 1 EL gehackter Schnittlauch) • 150 g Pinienkerne • 1 kleine Knoblauchzehe

● Rosmarinstängel unter Wasser abspülen, Blätter vom Stängel streifen und zusammen mit den Pinienkernen und der Knoblauchzehe (geschält) in einer Küchenmaschine bis zu einer streichfesten Masse mixen.

*Pinienkerne ähneln in ihrer Zusammensetzung echter Butter. Sie sind reich an gesättigten Fettsäuren. Aber im Vergleich zu dem extrahierten Milchfett enthalten die kleinen Früchte der Pinienbäume Eiweiße und Ballaststoffe. Das macht die Kerne zu einer tollen Basis für cremigen und dennoch vollwertigen Butterersatz. Diese Kräuterbutter schmeckt wunderbar zu Kartoffeln oder Gemüsegratins und kann im Backofen miterhitzt werden.*

# Ketchup

**10 Portionen**
⊘ 15 Min.

5 Romatomaten (oder andere fleischige Tomaten mit wenig Kernen) • 5 getrocknete Datteln • 1 EL Essig

● Tomaten gut waschen und dann zusammen mit den Datteln und dem Essig in einem Mixer auf höchster Stufe gut mixen.

*Dieses Grundrezept für frischen Rohkost-Ketchup kann man leicht nach Belieben mit einer Gewürzmischung pikant würzen, aber mein Sohn mag es am liebsten pur.*

❯❯ Ketchup

# Grüne Mayonnaise

10 Portionen
⊘ 15 Min.

2 weiche Avocados • 100 g Naturtofu •
2 EL Essig

● Avocados halbieren, Steine entfernen und mit einem Löffel das Fruchtfleisch herausholen

● Tofu kurz abspülen, mit einem Küchenhandtuch oder Papiertuch trocken tupfen und dann alle Zutaten zusammen in einem Mixer cremig schlagen.

*Wer sagt, dass Mayo immer weiß sein muss? Mit gesunden Fetten von der Avocado und vollwertigen Proteinen von Sojabohnen ist diese Version frühlingshaft grün!*

# Grüner Sommer-Hummus

10 Portionen
⊘ 15 Min.

100 g gefrorene Erbsen • 100 g gefrorene Sojabohnen • 1 Handvoll frische Pfefferminzblätter

● Gefrorene Erbsen und Bohnen auftauen lassen.

● Pfefferminzblätter gut waschen und dann mit den Hülsenfrüchten zusammen im Mixer eine cremige Masse zubereiten.

*Während herkömmlicher Hummus aus Kichererbsen einen recht geringen Eiweißanteil hat, liefern die Sojabohnen ein hochprozentiges vollwertiges Protein, das durch die Erbsen versüßt wird und mit der Minze einen Hauch von Sommerfrische bekommt.*

◂◂ Grüne Mayonnaise

# Nanutella

**10 Portionen**
⊘ 15 Min. + evtl. 60 Min. Einweichzeit

- 250 g Haselnüsse
- 10 Datteln
- 4 EL ungesüßtes Kakaopulver

● Zuerst die Nüsse in den Mixer geben und dann den Behälter bis zur Hälfte der Nussmenge mit Wasser auffüllen. Datteln und Kakaopulver hinzugeben und dann alles cremig mixen.

● Falls kein Hochleistungsmixer zur Hand ist, hilft es, die Nüsse und Datteln vorher 1 Stunde in Wasser einzuweichen. Sie werden dann so weich, dass man dem Rezept auch gar kein Wasser zugeben muss. Bedenken Sie, es ist immer einfacher, Wasser hinzuzugeben als zu entfernen. Also Flüssigkeit immer eher sparsam und nach und nach zugeben.

*Diese cremige Schoko-Nusspaste ist ein toller Brotaufstrich ohne zusätzliche Zucker- oder Konservierungsstoffe. Einfach ein vollwertiges Nahrungsmittel mit natürlichem Zucker und sättigenden Ballaststoffen. Von Natur aus lecker! Man kann das Rezept leicht auf dunklere oder hellere Schokolade abschmecken. Obgleich mehr oder weniger Nüsse im Vergleich zu den anderen Zutaten den Nährwert der Schokopaste verändern, wird dies den Körper nie mit zu viel natürlichem Zucker oder Fetten überbeanspruchen. Alle Zutaten haben natureigene Ballaststoffe, die den kalorienengeladenen Nährgehalt auf natürliche Weise kompensieren. Natürlich können Sie Vollkost-Snacks für Kinder anfangs mit ein paar Extradatteln süßen. Solange der Zucker vom natürlichen Gehalt einer Frucht kommt, wird der natureigene Ballaststoff die Zuckeraufnahme ins Blut verlangsamen und unerwünschte »Zucker-Hochs« vermeiden. Wer seinen Drang nach Süßem mit Früchten stillt, wird mit der Zeit seine Geschmacksnerven für »süß« verfeinern und intensiver empfinden.*

# Erdnussbutter

# Weißer Nougat

10 Portionen
⊘ 15 Min.

250 g Erdnüsse (geröstet) •
50 ml Wasser

● Erdnüsse mit Wasser pürieren.

*Das Rösten von Nüssen entzieht der
Frucht Feuchtigkeit. Um die naturgege-
bene Nährstoffdichte wiederherzustel-
len, gebe ich dem Aufstrich das Wasser
wieder zu. So wird auch die Energie-
dichte zu unseren Gunsten minimiert.
Weniger Kalorien pro Biss, aber dennoch ein vollmundiger Geschmack. Üb-
rigens enthalten Erdnüsse von Natur
aus Zucker: pro Portion zwei ganze
Gramm, d. h. einen halben Würfel Zucker! Es ist also nicht nötig, die Masse
zusätzlich zu süßen. Für ganz süße
Naschkatzen kann man eine Handvoll
ungesüßte Rosinen oder ein bis zwei
Datteln untermischen.*

10 Portionen
⊘ 15 Min.

250 g Haselnüsse • 6 große Datteln

● Nüsse und Datteln zusammen cremig schlagen und notfalls etwas Wasser zugeben. Die Paste sollte schwer-
fällig vom Löffel fallen, aber noch
streichfest sein.

*Weißer Nougat ist wie ein heller Nutel-
la-Aufstrich ohne Koffein. In seiner pu-
ren Form braucht es nur zwei Zutaten:
eiweiß- und fetthaltige Nüsse und einen vollwertigen Süßstoff. Datteln machen den Aufstrich nicht nur süß, sondern liefern zudem noch wertvolle
Ballaststoffe und unverdauliche langkettige Zucker, die der Darmflora als
Nahrung dienen. Wie bei dem Nanu-
tella kombiniere ich den weißen Nougat gerne mit frischem Obst. Wenn
man eine Ecke eines Gefrierbeutels auf-
schneidet, kann man die Paste wie
durch eine Konditorspritze in lustige
Schlangen formen.*

◄● Weißer Nougat

SUPPEN
UND KLEINE
MAHLZEITEN

# Janoschs Traumgericht: Gefüllte Pilze

4 Portionen
⊘ 45 Min.

12 große Champignons • 12 EL Kräuterbutter (Seite 70)

● Pilze waschen, Stängel entfernen und in Wasser ca. 10 Min. kochen, bis das Pilzfleisch »glasig« aussieht.

● Dann die Pilze im Sieb abtropfen lassen und jeden Pilz mit je 1 EL der Kräuterbutter füllen.

*Pilze sind das einzige nicht tierische Nahrungsmittel, das uns Vitamin D liefert. Da das Sonnenvitamin fettlöslich ist, sollte man Pilze immer mit einem Fett kombinieren. In diesem Rezept liefern die Pinienkerne diesen Transportfaktor und die untergemischten Kräuter helfen zugleich mit der Fettverdauung.*

# Möhren-Ingwer-Suppe

**4 Portionen**
⊘ 20 Min.

• 200 g Cashewkerne    • 6 Möhren    • 1 cm rohen Ingwer

● Cashewkerne in den Mixer geben und bis zur Hälfte der Nussmenge mit warmem Wasser füllen. Möhren gut waschen, aber nicht schälen, in Stücke brechen und in den Mixer geben (für leistungsschwächere Maschinen in kleinere Stücke schneiden). Ingwer schälen und ebenfalls in den Mixer geben.

● Alles auf höchster Stufe mixen, bis der Behälter von außen handwarm wird, und dann gleich servieren. Reste kann man auch gut am nächsten Tag kalt oder leicht aufgewärmt genießen. Solange die Suppe nicht gekocht wird, bleiben hitzeempfindliche Nährstoffe und Enzyme erhalten.

*Möhren sind nicht nur gut für die Augen. Ihr hoher Gehalt an Antioxidanzien schützt vor vielen chronischen und zellverändernden Krankheiten. Bei Krebsarten des Verdauungssystems, wie z. B. Darmkrebs, stehen sie ganz oben auf der »Top 10-Liste« zur effektiven Verhütung. Die enzymreichen Nährstoffe in Möhren sind tief in kleinen Proteinsäcken eingepackt, die durch gutes Kauen und die Magensäure aufgebrochen werden müssen. Die mechanische Vorleistung des Mixers erleichtert hier die Aufnahmefähigkeit. In Verbindung mit den Fetten der Cashewkerne wird die Konvertierung des wasserlöslichen Beta-Carotins in das potente Fettvitamin A bereits in der Küchenmaschine vorbereitet.*

# Sushi-Bälle

8 Bälle
⊘ 20 Min.

1 große weiche Avocado • 16 EL Puffreis
(am besten Vollkornreis) • 1 Packung
gerösteter Seetang (zwei Noriblätter)

● Avocado halbieren, Stein entfernen
und das Fruchtfleisch mit einem Ess-
löffel herausholen und in eine Schüs-
sel geben.

● Gerösteten Seetang in kleine Fetzen
reißen und zusammen mit dem gepufften Reis und der Avocado verkne-
ten und dann zu walnussgroßen Bäl-
len formen.

*Obgleich die Kugeln nicht nach viel
aussehen, liefern sie das vollwertige Eiweiß des Getreides und der getrockneten Wasserpflanze, Fett der Avocado
und sättigende Kohlenhydrate des Rei-
ses. Algen sind für Pflanzenesser eine
gute Quelle für jodiertes Salz, das für
die Schilddrüsenfunktion wichtig ist.*

# Schmelzkäsebrot

2 Portionen
⊘ 20 Min.

1 weiche Avocado • 2 EL Bierhefeflocken • 2 Scheiben Vollkorntoast

● Avocado halbieren, Stein entfernen und dann mit den Hefeflocken mit
dem Mixer zu einer cremigen Paste
mischen.

● Brot toasten und eine Scheibe dick
mit der Avocadocreme beschmieren
und dann mit der anderen Brotscheibe
zudecken.

*Brotscheiben werden in vielen Kultu-
ren als »essbare Serviette« verwendet. So braucht man kein Besteck und
macht sich dennoch die Finger nicht
schmutzig. Ideal für Kinder! Der Roh-
kostkäseaufstrich aus Avocado und
Hefeflocken ist ein wahrer Glücklichmacher. Und das nicht nur wegen des
leckeren Fettanteils.*

❮ Sushi-Bälle

# Blumenkohl-Gazpacho

**4 Portionen**
⊘ 30 Min.

- 1 Kopf Blumenkohl
- 1 Cantaloupe-Melone (gelb-orange)
- 1 kleine Knoblauchzehe

● Blätter des Blumenkohls entfernen, Röschen und Stamm in Stücke schneiden oder brechen, gut waschen und dann in Wasser 10 Min. abkochen.

● Melone halbieren, die Kerne beider Hälften mit einem Löffel herausheben und mit dem Fruchtfleisch in den Mixer geben.

● Knoblauchzehe ohne Schale hinzufügen und das gekochte Gemüse ohne Wasser ebenfalls in den Mixer geben. Alles auf höchster Stufe cremig mixen.

*Kreuzblütlergemüse wie alle Kohlarten gehören zu den nährstoffreichsten Heilpflanzen. Sie besitzen besondere chemische Verbindungen, die Isothiocyanate (ITC), die das Erbgut in unseren Körperzellen vor schädlichen Manipulationen schützen können. Während die ITC nicht hitzeempfindlich sind, ist es der Knoblauch durchaus. Seine entzündungshemmenden, blutverdünnenden und krebshemmenden Eigenschaften gehen beim Erhitzen verloren. Daher ist es sinnvoll, Knoblauch stets einem Gericht am Ende roh zuzugeben. Die Kerne der Cantaloupe in dem Rezept mitzuverwenden, verringert nicht nur Abfall, sondern liefert hochprozentige Eiweiße und gute Fette. Unzerkleinert sind sie jedoch unverdaulich. Als Zugabe zu gemixten Suppen oder Smoothies werden diese Nährstoffe für uns durch den Mixer sozusagen vorverdaut und verfügbar gemacht.*

# Hawaii-Tofupfanne

**4 Portionen**
⊘ 40 Min.

250 g Naturtofu • 1 Zwiebel • 150 g Ananas • 2–3 EL Sojasoße

● Naturtofublock kurz abwaschen und mit einem Küchenhandtuch oder Papiertuch abtupfen. Block in mundgerechte Streifen oder Würfel schneiden.

● Zwiebel schälen, halbieren und dann beide Hälften der Länge nach in Scheiben schneiden. Die Ananas ohne Schale ebenfalls in Stücke schneiden und alles in einer Bratpfanne mit der Sojasoße anbraten.

*Der Saft der tropischen Ananas wird der salzigen Sojasoße einen süßen Dreh geben und so dem Tofu mit der Zwiebel einen interessanten süß-pikanten Hauch verleihen.*

‹‹ Hawaii-Tofupfanne

# Fischstäbchen

**10 Stück**
⊘ 30 Min.

200 g Schwarzwurzeln oder Palmherzen (gefroren oder aus dem Glas) • 30 g Noriblätter (gerösteter Seetang) • 100 g Paranüsse • 1 kleine Knoblauchzehe

● Schwarzwurzeln oder Palmherzen in einer Küchenmaschine mit den Noriblättern zu einer groben Masse im Pulsiermodus klein hacken.

● Für die Panade die Nüsse mit dem Knoblauch ebenfalls in einer Küchenmaschine zu einem feinen Nussmehl zerkleinern.

● Dann die Füllungsmasse zu 3 cm langen Stäbchen formen und in das Nusspaniermehl rollen.

● Stäbchen 15 Min. bei 150 Grad backen.

*Mein Sohn liebt seine Stäbchen mit ungesüßtem Apfelmus. Herzhaft und süß zugleich.*

# Sellerie-Pfirsich-Suppe

**4 Portionen**
⊘ 30 Min.

- 2 Süßkartoffeln
- 500 g Selleriestangen
- 2 Pfirsiche oder Nektarinen

● Kartoffeln schälen und mit den gewaschenen Selleriestangen in Wasser 15 Min. kochen. Danach beide Gemüse in einem Mixer cremig mixen.

● Die Pfirsiche oder Nektarinen waschen, halbieren und den Stein entfernen. Eine Frucht in die Suppe mixen und eine in Würfel schneiden und zu je einem Viertel als Garnierung roh mit der Suppe servieren.

*Suppen wie auch Soßen eignen sich prima, Rohkost mit Gekochtem zu kombinieren. Sellerie und Kartoffeln sind aufgrund ihrer ballaststoffhaltigen Ursprungsform roh schwerer zu verdauen. Kochen bricht diese harte Struktur auf, vernichtet im gleichen Zug jedoch Vitamin C und wertvolle Enzyme. Das wird in dieser Suppe durch die Zugabe von frischem Obst ausgeglichen. Der hohe Mineralgehalt des Knollengemüses wird durch das Abkochen nicht beschädigt. Sellerie ist reich an Magnesium, das die Muskeln schön entspannt und in der Heilkunde gern als Schlafmittel empfohlen wird. Der recht hohe Salzgehalt von Sellerie wird durch den Kaliumgehalt der Kartoffeln wunderbar ausbalanciert und hält so den Blutdruck im gesunden Bereich.*

# Saftige Bohnen-Burger

**4 Burger**
⊘ 30 Min. + 20 min Back- oder Bratzeit

- 1 faustgroße Rote Bete mit Grünzeug
- 200 g Rote Kidneybohnen (Abtropfgewicht)

- 2 Scheiben Vollkorntoastbrot
- 2 EL Naturhefeflocken (oder: 2 EL Paniermehl

oder Haferflocken mit 1–2 TL getrockneten Knoblauchgewürz)

● Rote Bete schälen, würfeln und in Wasser ca. 10 Min. kochen Das Grünzeug roh lassen und mit einem Messer oder der Küchenmaschine klein hacken.

● Kidneybohnen aus Dose oder Glas unter Wasser abspülen und in einem Sieb gut abtropfen lassen.

● Die Toastbrotscheiben kurz in lauwarmes Wasser legen, gut auswringen und dann alle Zutaten mit den Händen oder einem Kartoffelstampfer zu einer saftige Masse kneten. Mit der Hand zu kinderfaustgroßen Burgern formen und mit Naturhefeflocken oder Paniermehl von beiden Seiten bestreuen.

● Burger dann kurz von beiden Seiten in einer Pfanne anbraten oder im Backofen bei 180 Grad 20 Min. auf mittlerer Schiene backen.

*Bohnen sind ein hervorragender Lieferant von pflanzlichen Proteinen. Kombiniert mit dem vollwertigen Getreide des Vollkorntoasts liefern diese Burger alle lebensnotwendigen Aminosäuren. Die Rote Bete gibt diesen fleischlosen Burgern nicht nur die saftige blutrote Farbe, sondern liefert reichlich Eisen für erhöhten Sauerstofftransport im Blut. Energie, die man schmeckt und spürt!*

# Spargelcremesuppe

**4 Portionen**
⊘ 30 Min.

• 1 kg Spargel

• 8 kleine Frühlings-
kartoffeln

• 2 Stangen Lauch

● Spargel schälen und die Kartoffeln unter Wasser kräftig abbürsten. Falls die Kartoffeln etwas älter sind und bereits eine dickere Schale haben, auf jeden Fall schälen.

● Die hauchdünne Schale von jungen Frühlingskartoffeln kann mitgekocht und ohne Sorge mit verzehrt werden.

Dickere Schalen sind aufgrund des giftigen Solanins unverdaulich und sollten nicht mitgegessen werden.

● Die Lauchstangen einfach nur waschen und dann alle Zutaten in Wasser zusammen 15 Min. kochen. Wasser abschütten und alle Zutaten im Mixer cremig rühren.

*Es ist kaum zu glauben, dass diese cremige Suppe keinen Fettanteil hat. Obgleich Spargel und insbesondere die dunkleren Lauchblätter einen hohen Gehalt an unlöslichen Ballaststoffen haben, ist die Suppe sogar für die ganz Kleinen leicht verdaulich. Die jungen Kartoffeln und der untere Teil der Lauchstangen liefern ausreichend Stärke und wasserlösliche Ballaststoffe und kompensieren so auf natürliche Weise den wasserunlöslichen Ballaststoffteil. Babybrei pikant gemacht!*

# Gebackene Falafel

**6 Falafel**
⊘ 20 Min. + 40 Min. Backzeit

• 250 g Kichererbsen
  (Abtropfgewicht)

• 1 Bund Petersilie
• 1 große Knoblauchzehe

• 100 g Weizenkeime

● Kichererbsen aus Dose oder Glas in einem Sieb abtropfen lassen und gut unter heißem Wasser abspülen. Petersilie ebenfalls mit warmem Wasser waschen und dann mit der Knoblauchzehe (ohne Schale) in einer Küchenmaschine klein hacken.

● Kichererbsen zugeben und mit der Maschine mixen. Mit den Händen die trockenen Weizenkeime untermischen und die Masse in walnussgroße Falafel formen und auf ein mit Backpapier ausgelegtes Backblech bei 180 Grad 40 Min. backen.

*Kichererbsen haben im Vergleich zu anderen Hülsenfrüchten einen recht hohen Stärkeanteil. In diesen Falafel gleichen wir den Stärkeanteil mit ballaststoffreichen Pflanzen aus. Weizenkeime geben eine Extraladung hautfreundliches Vitamin E, das unter anderem den Herzmuskel stärkt. Alleine, über Salat oder kombiniert mit frischem Obst, Apfelmus oder der Herbst-Marmelade (Seite 66), sind diese Falafel ein tolles Hauptgericht.*

# Kinderleichte Erbsensuppe

**4 Portionen**
⊘ 30 Min.

- 1 Zwiebel
- 500 g gefrorene Erbsen

- 100 g Rucola
  (oder Spinat)

- 250 g gefrorene Mais-
  körner

● Zwiebel schälen und in Scheiben oder Würfel schneiden. Salat waschen und mit Stängeln in einem Topf mit allen anderen Zutaten in Wasser kochen. Wasser abschütten, aber verwahren.

● Zwei Tassen Erbsen und Mais ebenfalls beiseitestellen und den Rest in einem Mixer auf höchster Stufe mixen.

● Notfalls etwas von dem abgekochten Wasser hinzugeben, um die gewünschte Suppenkonsistenz zu erhalten. Suppe auf vier Suppenteller verteilen und je eine halbe Tasse von den Erbsen und dem Mais untermischen. So erhält die Suppe ein wenig Biss und erinnert eher an einen nahrhaften Eintopf.

*Nach den Komplementierregeln von unvollständigen Proteinen wird hier eine Hülsenfrucht mit einem Getreide vervollständigt. Erbsen sind die am einfachsten zu verdauenden Hülsenfrüchte und Mais das kinderfreundlichste Korn. Beide werden demnach häufig als erste Eiweißlieferanten in Babynahrung verwendet. Aber auch andere Eiweiß-Shakes nutzen diese leicht verdaulichen Aminosäurelieferanten, insbesondere Erbsen. Erbsenproteinpulver ist daher ein beliebter Bestandteil in veganen Eiweiß-Shakes – leicht verdaulich und ohne bitteren Beigeschmack wie bei Soja- oder Hanfprodukten.*

# Pizza-Power-Fladen

**4 Fladen**
⊘ 30 Min. + 45 Min. Backzeit

- 250 g Vollkornreis
- 150 g Dinkelkörner (Grünkern)
- 2 Knoblauchzehen
- 2 TL Backpulver
- 2 EL getrockneter Oregano

● Reis nach Verpackungsanleitung kochen. Dinkelkörner im Mixer zu grobem Mehl mahlen. Dann Mehl und Backpulver mit dem gekochten Reis vermischen. Wenn der abgekochte Reis direkt verwendet wird und eher noch »nass« ist, braucht man unter Umständen kein extra Wasser zuzugeben. Die beiden Getreide – Reis und Dinkel – sollten in einem festen klebrigen Teig zusammenhalten. Notfalls etwas Wasser zugeben.

● Knoblauchzehen schälen und den Saft und das Fleisch durch eine Knoblauchpresse drücken und mit Oregano in den Teig kneten. Wer keine Knoblauchpresse hat, kann die beiden Zehen auch einfach mit einem Messer in kleine Würfel schneiden und dann mit der flachen Messerseite den Saft herauspressen. Stückchen und Saft dann in den Teig kneten.

● Kinderhandgroße Fladen aus dem Teig formen und auf einem mit Backpapier ausgelegten Backblech bei 180 Grad 45 Min. backen.

*Diese herzhaften Pizzafladen sind prima für unterwegs oder als Schul-Snack. Lecker auch belegt mit frischen Tomaten und Instant-Streichkäse (Seite 69).*

# Zucchininudeln mit Tomatensoße und Nuss-Käse-Flocken

**4 Portionen**
⊘ 45 Min.

- 2 große Zucchini
- 2 EL Salz
- 2 Möhren
- 2–3 Handvoll Spinat

- 250 ml Spaghettisoße aus dem Glas ohne Zuckerzusatz
- 50 g Walnüsse

- 2 EL Nährhefe (alternativ: 1 Knoblauchzehe oder 2 EL Knoblauchtrockengewürz)

● Zucchini waschen und mit einem Käse- oder Gurkenhobel der Länge nach in Flachnudeln schneiden. Die Nudeln dann mit Salz einmassieren und 10 Min. stehen lassen. In der Kochkunst bezeichnet man diesen Prozess als »Schwitzen«, da dem rohen Gemüse durch das Salz Wasser entzogen wird und das Gemüse so weicher wird, ohne dass es gekocht werden muss.

● Während die Zucchini »schwitzen«, Möhren und Spinat waschen und mit der gekauften Spaghettisoße in einem Mixer dickflüssig mixen.

● Walnüsse und Naturhefe in einer Küchenmaschine klein hacken und zusammenmischen.

● Das Salz von den Zucchini mit warmem Wasser abwaschen. Auf Teller zu je vier Portionen verteilen, Soße darübergießen und mit den Nuss-Käse-Flocken bestreuen. Buon Appetito!

*Gekaufte Soßen mit rohem Gemüse zu erweitern, wertet natürlich auch deren Nährgehalt auf. Dieses Gericht eignet sich prima für ein leichtes Abendessen. Wer eine energiereichere Eiweißeinlage hinzugeben möchte, kann z. B. Grünkern oder ein anderes proteinhaltiges Getreide abkochen und zur Soße dazugeben.*

# Gurken-Melonen-Kaltschale

4 Portionen
⊘ 20 Min.

1 ganze Honigmelone (grün) • 500 g Gurken • 1 weiche Avocado

● Die Melone ohne Schale und Gurken mit Schale in den Mixer geben.

● Die Avocado längs halbieren, den inneren Stein entfernen und dann mit einem Löffel das fettige Innere ebenfalls in den Mixer geben und mit den anderen Zutaten cremig schlagen.

● Zum Garnieren eignet sich prima ein Löffel der Cashew-Sauercreme (Seite 69).

*Kaltschalen sind tolle Erfrischungen für warme Sommertage. Die Kombination einer wasserhaltigen Frucht mit einem ebenso saftigen Gemüse lässt viel Spielraum für energiegeladene Fette von der Avocado.*

# Asiatischer Ramen-Eintopf

4 Portionen
⊘ 30 Min.

1 Teebeutel entkoffeinierter Grüntee (alternativ: Gemüsetee) • 1 cm frischer Ingwer • 1 Packung geröstete Noriblätter • 250 g gebackener Tofu • 100 g Ramen-Nudeln oder Angelhair-Pasta

● Teebeutel in einen Liter kochendes Wasser geben und 3 Min. ziehen lassen. Dann den Beutel entfernen.

● Ingwer schälen und durch eine Knoblauchpresse in den Tee entsaften. Noriblätter in kleine Stücke reißen und ebenfalls in den Tee geben.

● Tofu in Würfel schneiden und Nudeln in Wasser nach Packungsanleitung vorkochen und dann zur Brühe dazugeben.

*Selbst gemachter Tee oder Gemüsetee aus dem Laden sind eine supergesunde Alternative zu salzigen Brühwürfeln voller Konservierungsstoffe und künstlicher Geschmacksverstärker.*

# Gefüllte Avocados

2 Portionen
⊘ 15 Min.

1 große weiche Avocado • 50 g frisches Sauerkraut (Abtropfgewicht) • 1 Packung Noriblätter (getrockneter Seetang)

● Avocado halbieren und den Stein entfernen. Sauerkraut gut abtropfen lassen und notfalls überschüssige Flüssigkeit auswringen.

● Noriblätter in kleine Stücke reißen, mit dem Sauerkraut kneten und je zur Hälfte in die Avocadohälften füllen.

*Die Fermentation von Gemüse wie Kraut produziert viele darmfreundliche Bakterien. Kraut liefert wie alle Kreuzblütler einen einzigartigen Krebsschutz durch die enthaltenen Isothiocyanate, die als potente Antioxidanzien direkt das Erbgut unserer Zellen schützen.*

# Grüne Stampfkartoffeln mit Pilzsoße

4 Portionen
⊘ 45 Min.

4 Kartoffeln • 1 weiche Avocado • 200 g Champignons oder andere frische Pilze • 1 kleine Zwiebel • 100 Kastanien (geröstet oder vorgekocht)

● Kartoffeln schälen und in Wasser kochen und dann mit dem Avocadofleisch im Mixer zu einem hellgrünen Kartoffelbrei mischen.

● Pilze abwaschen, Zwiebel ohne Schale in Scheiben schneiden und zusammen in Wasser abkochen. Das Wasser verwahren und dann die Pilze, Zwiebeln und Kastanien in einem Mixer auf höchster Stufe zu einer cremigen Soße vermischen. Notfalls etwas von dem abgekochten Pilz-Zwiebel-Wasser zugegeben.

*Da Kastanien fettfreie Nüsse sind, kann man hier kleine Avocadostücke oder einen großzügigen Klacks der Cashew-Sauerkreme (Seite 69) als Garnierung mitservieren. Das Vitamin D der Pilze ist schließlich fettlöslich!*

# NACHSPEISEN UND ANDERE LECKEREIEN

# Fruchtjoghurt

**2 Portionen**
⊘ 15 Min.

250 g Naturtofu • 1 probiotische Kapsel •
150 g Mango oder Pfirsich (frisch oder
gefroren)

● Tofu kurz unter Wasser abspülen
und mit einem Küchenhandtuch oder
Papiertuch gut trocken tupfen. Tofu,
Obst und den Inhalt einer probiotischen Kapsel in einem Mixer cremig
schlagen.

*Tofu liefert wie Milchprodukte alle le-
bensnotwendigen Aminosäuren. Im
Gegensatz zu Milchprodukten hat Tofu
aus Sojabohnen natureigene Ballaststoffe. Leider hat Tofu einen dominie-
renden Bohnengeschmack, den man
aber prima mit süßem Obst überde-
cken kann. Wie auch bei milchbasier-
tem Joghurt im Laden fügen wir hier
die lebendigen Kulturen nachträglich
zu. Nur Rohmilchjoghurt direkt vom
Bauern, der nicht pasteurisiert ist, hat
natureigene Biokulturen.*

# Kirschstreusel

4 Portionen
⊘ 20 Min.

125 g Macadamianüsse • 400 g süße Kirschen (entkernt, frisch oder gefroren) • 50 g Paniermehl (Vollkorn)

● Nüsse mit dem Paniermehl in einer Küchenmaschine grob mixen.

● Kirschen in eine kleine Kuchenform oder vier kleine ofenfeste Porzellanformen geben und mit dem Nuss-Paniermehl-Gemisch bestreuen. Im Backofen 5–10 Min. bei 180 Grad Oberhitze anbacken.

*Kirschen essen und vor allen Dingen Kirschkerne spucken sind ein Riesensommerspaß – für kleine Kinder jedoch noch eine zu große Herausforderung. Glücklicherweise gibt es in den Supermärkten gefrorene Kirschen, die bereits entkernt sind und keine anderen Zusatzstoffe enthalten. Kirschen haben einen hohen Gesundheitswert. Sie sind potente ACE-Vitamin-Pakete.*

# Beeren-Kräuter-Sorbet

4 Portionen
⊘ 15 Min.

1 Handvoll frisches Basilikum • 500 g gefrorene Erdbeeren oder Himbeeren

● Basilikum gut waschen und mit den gefrorenen Beeren im Mixer zu einem leichten Sorbet mixen.

*Sorbets sind prima Desserts für kalorienbewusste Genießer. Früchte mit hohem Wasseranteil eignen sich hier am besten. Frische Kräuter unterzumischen, gibt nicht nur einen interessanten Geschmackskick, sondern liefert noch eine Extraladung unverdauliche Ballaststoffe, die die Aufnahme des gestiegenen Fruchtzuckers verlangsamen.*

# Fruchtwasser-Eis

**4 Portionen**

⊘ 10 Min. + Einfrieren über Nacht

1 Wassermelone • 1 Kiwi oder Riesenerdbeere

● Wassermelone halbieren, Fruchtfleisch von der Schale trennen und im Mixer flüssig machen.

● Kiwi schälen und in vier dicke Scheiben schneiden. Alternativ eine große Erdbeere waschen und der Länge nach in vier Scheiben schneiden. Den Melonensaft in vier Popstickelformen, Eiswürfelformen oder in Wassereistüten füllen.

● In jede Form eine Scheibe der Kiwi oder der Erdbeere drücken und im Eisfach über Nacht einfrieren.

*Wassereis aus ganzen Früchten ist eine prima Erfrischung für heiße Sommertage. Fruchtsalat auf Eis gelegt. Einfach genial.*

◈ Fruchtwasser-Eis

# Vanille-Eis

**4 Portionen**

⊘ 15 Min. + 4 Std. Einfrierzeit

3 Bananen • 2 Vanilleschoten • 100 g Mandeln

● Bananen schälen, in Stücke brechen und mind. 4 Stunden einfrieren.

● Vanilleschoten der Länge nach aufschneiden und das Innere mit einem Löffel herausholen.

● Gefrorene Bananenstücke mit den Mandeln und der Vanille in einem Mixer cremig schlagen. Bei leistungsschwächeren Mixern hilft es, ein bisschen lauwarmes Wasser dazuzugeben oder die Bananen leicht anzutauen.

*Bananen enthalten große Mengen der Aminosäure Tryptophan. Dies wird in der Naturmedizin als Schlafmittel verwendet. Das Vanille-Eis ist somit ein prima »Bett-Hupferl«. Heiße Kirschen obendrauf liefern dann noch eine pflanzliche Dosis Melatonin für einen traumhaft tiefen Schlaf!*

# Pfefferminz-Eis

4 Portionen
⊘ 15 Min. + 4 Std. Einfrierzeit

4 Bananen • 1 Avocado • 1–2 Handvoll Pfefferminzblätter

● Bananen ohne Schalen mind. 4 Stunden einfrieren und dann mit dem Avocadofleisch und den gewaschenen Pfefferminzblättern in einem Mixer mixen.

*Bananen eignen sich wegen ihres hohen Stärkeanteils prima als Eiscremegrundlage. Mangos oder Pfirsiche haben hier ähnliche Eigenschaften und können als Alternative verwendet werden. Der Einfriervorgang bei stärkehaltigem Obst kristallisiert dessen Zucker und kreiert so auf natürliche Weise langkettige Saccharide, die im Darm als Präbiotika den Darmbakterien als Nahrung dienen. Auf diese Weise sinkt der Gehalt an dick machendem Fruchtzucker, zugleich steigt der Gehalt an langkettigen Zuckern, die die Verdauung anregen.*

# Schokoladen-Eis

4 Portionen
⊘ 15 Min. + 4 Std. Einfrierzeit

4 Bananen • 4 EL ungesüßtes Kakaopulver

● Bananen erst 4 Stunden einfrieren und dann mit dem Kakaopulver in einem Mixer zu einem cremigen Eis mixen.

*Es ist kaum zu glauben, dass dieses Schokoladen-Eis fettfrei ist. Die gefrorene Stärke der Banane allein gibt hier die cremige Grundlage, die im Mund zerschmilzt.*

❯ Pfefferminz-Eis

# Süße Sahne

**10 Portionen**
⊘ 15 Min. + evtl. 60 Min. Einweichzeit

200 g Cashewkerne • 150 ml Kokosnusswasser • 1 Vanilleschote (optional)

● Die Cashewkerne mit dem Kokos-
nusswasser und dem Inneren einer
Vanilleschote in einem Mixer auf
höchster Stufe cremig schlagen. Bei
leistungsschwächeren Mixern kann es
ratsam sein, die Cashewkerne vorher
1 Stunde in dem Kokosnusswasser einzuweichen.

*Cashewkerne haben einen hohen Ge-
halt an Vitamin B₃, auch Niacin genannt. Niacin senkt den Cholesterin-
spiegel und hilft so, das Blut zu ver-
dünnen. Gekoppelt mit den hochpro-
zentigen Elektrolyten des Kokosnuss-
wassers, reguliert die süße Sahne so
den Blutdruck. Ein weiterer Grund für
einen Nachschlag!*

# Schokocreme

**4 Portionen**
⊘ 15 Min. + 60 Min. Einweichzeit

8 Datteln • 2 weiche Avocados • 4 EL
ungesüßtes Kakaopulver

● Die Datteln mindestens 1 Stunde in
Wasser einweichen.

● Wasser abschütten und die einge-
weichten Datteln mit dem Avocado-
fruchtfleisch (ohne Schale und Stein)
und dem Kakaopulver in einem Mixer
auf höchster Stufe zu einer cremigen
Masse mixen.

*Es ist kaum zu glauben, dass diese cre-
mige Schokolade voller wertvoller Ballaststoffe ist. Man kann die Creme als
Pudding, als Schokoguss auf einem
Trockenkuchen oder auch einfach als
täglichen Brotaufstrich genießen. Mein
Sohn schmiert die Schokocreme gerne
auf einen Puffreiscracker mit frischen
Beeren obendrauf.*

# Rhabarberkompott mit Vanillesoße

**4 Portionen**
◎ 30 Min.

200 g Rhabarber • 100 g Datteln • 150 g Cashewkerne • 1 Vanilleschote

● Rhabarber waschen, in Stücke schneiden und in Wasser ca. 10 Min. weich kochen. Wasser im Sieb abtropfen lassen und dann das Fruchtmus mit den Datteln in einem Mixer gut vermischen.

● Für die Soße die Cashewkerne mit etwas Wasser (¾ zur Nusslinie) zu einer dickflüssigen Nussmilch mischen und dann den Inhalt der Vanilleschote untermixen.

*Dies ist ein erfrischender Sommergenuss. Rhabarber kann aber auch prima für kältere Jahreszeiten eingefroren und dann aufgewärmt serviert werden. Botanisch ist Rhabarber ein Gemüse wie Sellerie. Jedoch sind seine Blätter giftig. Also immer die Blätter abschneiden und nur die Stangen verwenden.*

# Backapfel mit Krokant

**2 Portionen**
◎ 20 Min.

1 Apfel oder Birne • 2 EL Zimt • 4 EL Knuspermüsli (Seite 51)

● Apfel waschen, halbieren und Kerne mit Gehäuse entfernen.

● Die Hälften mit Zimt einreiben und im Backofen bei 180 Grad 10 Min. backen. Danach jede Hälfte großzügig mit Knuspermüsli bestreuen.

*Da die Basis des Krokants hier Omega-3-reichhaltige Walnüsse sind, ist es nicht ratsam, das Knuspergemisch mitzubacken. Die wertvollen entzündungshemmenden Fettsäuren sind nicht hitzestabil und somit eignen sich Omega-3-haltige Fettsorten weder zum Backen noch zum Kochen. Wer warmes oder gar angebräuntes Krokant bevorzugt, sollte die Streuselmischung vom Kirschstreuselrezept (Seite 106) mit Macadamianüssen verwenden. Diese ist hitzefest.*

# Rezeptverzeichnis

# Sachverzeichnis

## Liebe Leserin, lieber Leser,

hat Ihnen dieses Buch weitergeholfen? Für Anregungen, Kritik, aber auch für Lob sind wir offen. So können wir in Zukunft noch besser auf Ihre Wünsche eingehen. Schreiben Sie uns, denn Ihre Meinung zählt!

Ihr TRIAS Verlag

E-Mail-Leserservice
kundenservice@trias-verlag.de

Lektorat TRIAS Verlag
Postfach 30 05 04
70445 Stuttgart
Fax: 0711 89 31-748

**Bibliografische Information
der Deutschen Nationalbibliothek**
Die Deutsche Nationalbibliothek verzeichnet
diese Publikation in der Deutschen National-
bibliografie; detaillierte bibliografische Daten
sind im Internet über http://dnb.d-nb.de abruf-
bar.

Programmplanung: Uta Spieldiener
Redaktion: Dr. Sabine Klonk, Stuttgart
Bildredaktion: Christoph Frick

Umschlaggestaltung und Layout: CYCLL S Visuelle
Kommunikation, Stuttgart

Bildnachweis:
Fotos im Innenteil: Anja Schäfer, Los Angeles;
istock/Chris_Elwell: S. 42;
istock/kasia75: S. 44;
istock/Gaelle COHEN: S. 63
istock/Dar 1930: S. 97

© 2016 TRIAS Verlag in Georg Thieme Verlag KG
Rüdigerstraße 14, 70469 Stuttgart

Printed in Germany

Satz und Repro: Fotosatz Buck, Kumhausen
Gesetzt in Adobe InDesign CS6
Druck: AZ Druck und Datentechnik GmbH,
Kempten

Gedruckt auf chlorfrei gebleichtem Papier

ISBN 978-3-432-10002-9

Auch erhältlich als E-Book:
eISBN (PDF)   978-3-432-10001-2
eISBN (ePub) 978-3-432-10000-5

1 2 3 4 5 6

Besuchen Sie uns auf facebook!
**www.facebook.com/
trias.tut.mir.gut**

Lassen Sie sich inspirieren!
**www.pinterest.com/
triasverlag**